그리스 로마 신화

③ 신들의 사랑 이야기

글 양태석 그림 김미나

주요 신들 소개

아폴론
태양과 음악의 신이에요.
제우스와 레토의 아들이며
아르테미스와 남매예요.

아프로디테
사랑과 아름다움의 여신으로,
바다 거품에서 태어났어요.
무척 아름다워요.

사랑의 주인공들

다프네
숲의 요정

피그말리온
키프로스의 왕

프시케
에로스의 연인

미다스
프리기아의 왕

오이디푸스
테베의 왕자

오르페우스
시인이자 음악가

아탈란타
뛰어난 사냥꾼

아도니스
아름다운 청년

차례

1 아폴론과 다프네 ········· 8

2 히아킨토스와 아폴론 ········· 20

3 조각상을 사랑한 피그말리온 ········· 28

4 에로스와 프시케의 영원한 사랑 ········· 44

5 황금을 좋아한 미다스 왕 ········· 70

6 자신과 사랑에 빠진 나르키소스 ········· 88

7 오이디푸스 왕 이야기 ········· 108

8 오르페우스와 에우리디케 ········· 134

9 아탈란타 공주와 황금 사과 ·········· 150

10 아프로디테와 아도니스 ·········· 170

11 물총새로 다시 태어난 왕과 왕비 ·········· 186

그리스 로마 신화를 읽는 이유 ········ 200
신화 박물관 ········ 202
신화 퀴즈 ········ 208
상상하기 ········ 210
신들의 이름 ········ 211
신들의 계보 ········ 212
사다리 타기! ········ 214

부록 그리스 로마 신화
캐릭터 카드

아폴론과 다프네

아폴론은 숲에서 우연히 만난 사랑의 신 에로스에게 꼬맹이라고 놀렸어요. 그 말에 화가 난 에로스는 복수하기로 마음먹고, 결국 아폴론에게 사랑에 빠지는 금 화살을 쏘고 말았어요. 화살에 맞은 아폴론은 과연 어떻게 되었을까요?

1 아폴론과 다프네

 태양의 신이자 음악의 신 아폴론이 숲길을 걷고 있었어요. 파르나소스산의 남쪽 델포이에서 피톤이라는 거대한 뱀과 싸워 이기고 돌아가는 길이었지요.
 아폴론은 숲에서 사랑의 신 에로스를 우연히 만났어요. 에로스는 그날도 역시 작은 활과 화살을 지니고 있었어요.
 아폴론이 에로스의 활과 화살을 보고 비웃었어요.
 "하하하, 그런 장난감 같은 활과 화살로 뭘 하겠다는 거냐, 이 꼬맹아!"

에로스는 화가 났지만 꾹 참았어요. 그러고는 입속 말로 중얼거렸어요.

"흥! 이 작은 활과 화살로 무얼 할 수 있는지 두고 보면 알겠지."

그때였어요. 강의 신 페네오스의 딸인 요정 다프네가 나타났어요. 어찌나 아름다운지 한 번 보면 누구나 그 자리에서 반할 정도였지요. 다프네와 결혼하고 싶어 하는 남자도 아주 많았어요.

하지만 다프네는 결혼하고 싶은 마음이 없었어요. 남자들이 찾아와 결혼하자고 조르면 이렇게 말했어요.

"난 절대 결혼하지 않을 거예요. 아르테미스 님처럼 숲에서 사냥하며 혼자 살 거라고요."

에로스는 그런 다프네를 보고 좋은 생각이 떠올랐어요.

'옳지! 나를 비웃은 아폴론에게 복수하자.'

에로스는 재빨리 금 화살을 꺼내 아폴론에게 쏘았어요. 아폴론은 가슴에 금 화살을 맞았지만 그 사실을 알지 못했어요.

그때 아폴론의 눈에 사냥감을 쫓고 있는 다프네가 보였어요.

아폴론은 입을 헤 벌린 채 감탄했어요.

"세상에, 저렇게 아름다운 여인이 있다니!"

아폴론은 다프네를 보자마자 사랑에 빠져 그녀가 달려간 쪽으로 쫓아갔어요.

멀리서 그 모습을 보고 있던 에로스가 이번에는 다프네에게 화살을 쏘았어요. 다프네의 가슴에 꽂힌 것은 납 화살이었어요.

다프네는 자신을 향해 달려오는 아폴론을 보고 화들짝 놀랐어요.

'저 남자는 누구지? 왜 나한테 달려오는 거지?'

다프네는 후닥닥 달아났어요. 납 화살을 맞아 자신을 좋아하는 남자를 끔찍하게 싫어하게 된 거예요.

"잠깐만 기다려요!"

아폴론은 큰 소리로 외치며 계속 다프네 뒤를 쫓아 달렸어요.

"싫어요! 따라오지 말아요!"

다프네는 바람처럼 달려 깊은 풀숲에 숨었어요.

"제발 나와서 내 말 좀 들어 보시오!"

아폴론은 애가 타서 이리저리 뛰어다니며 다프네를 불렀어요. 그는 숲에서 한참을 헤매다가 드디어 다프네를 발견했어요. 다프네는 호숫가에 앉아 숨을 몰아쉬고 있었지요.

아폴론은 살금살금 다가가 사랑을 고백했어요.

"아름다운 여인이여, 당신을 진심으로 사랑합니다! 부디 내 사랑을 받아 주시오!"

"아악, 저리 비켜요! 난 당신이 싫단 말이에요!"

다프네는 비명을 지르며 다시 도망치기 시작했어요.

"제발 내 사랑을 받아 주시오!"

사랑에 눈이 먼 아폴론은 다프네의 뒤를 부지런히 따라갔어요. 정신없이 도망치던 다프네가 갑자기 우뚝 멈춰 섰어요. 강물 앞에 이르러 더는 도망갈 곳이 없었기 때문이에요.

"아아, 이제 어쩌면 좋지."

다프네는 얼굴을 감싸 쥐고 그 자리에 주저앉았어요.

"다시는 놓치지 않을 거요. 이리 와요, 내 사랑!"

아폴론이 다가와 어깨를 끌어안자 다프네는 소리를 질렀어요.

"싫어요! 저리 가세요!"

다프네는 아폴론을 밀쳐 내고 강 쪽을 향해 소리쳤어요.

"강의 신 페네오스, 내 아버지여! 당신의 딸이 위험에 처했습니다. 부디 저를 도와주세요!"

다프네의 간절한 목소리가 숲속에 울려 퍼지자 이상한 일이 벌어졌어요. 다프네의 몸이 나무로 변하기 시작했지요. 다리는 뿌리로 변해 땅속으로 들어가고, 팔은 나뭇가지로 변했어요. 몸은 나무껍질

로 뒤덮이고, 머리카락은 수만 개의 나뭇잎으로 변해 바람에 나부꼈어요.

"오오, 안 돼!"

아폴론이 나무로 변해 가는 다프네를 껴안고 소리쳤어요. 하지만 다프네는 어느새 한 그루 월계수가 되어 있었지요.

아폴론은 월계수에 입을 맞추며 속삭였어요.

"당신은 나무로 변했지만 내 사랑은 변하지 않았소."

아폴론은 나뭇잎과 가지로 월계관을 만들어 머리에 쓰고 다시 말했어요.

"앞으로 경기에서 우승한 사람의 머리에 이 월계관이 씌워질 것이다."

아폴론은 월계수 잎이 시들지 않고 늘 푸르도록 축복을 내렸어요. 그리고 월계수를 아폴론의 나무, 즉 자신을 상징하는 나무로 삼았답니다.

2
히아킨토스와 아폴론

아폴론은 어디를 가든 무엇을 하든 히아킨토스와 늘 함께했어요. 어느 날 둘이 원반던지기를 하는데, 갑자기 바람의 방향이 바뀌더니 원반이 히아킨토스를 향해 무섭게 날아왔어요. 대체 누가 바람의 방향을 바꾼 것일까요?

2 히아킨토스와 아폴론

아폴론이 아끼는 사람 중에 식물로 변한 사람이 또 있어요. 그의 이름은 히아킨토스예요.

스파르타 왕의 아들인 히아킨토스는 누가 봐도 미남이라고 할 만큼 아주 잘생겼어요. 아폴론은 그를 귀여워하며 그와 늘 함께 다녔어요. 같이 운동도 하고 사냥도 했지요. 아폴론이 있는 곳에는 항상 히아킨토스가 있었어요.

"히아킨토스, 난 너와 있을 때 가장 행복하단다."

그런데 히아킨토스를 좋아하는 신은 아폴론만이

아니었어요. 서풍의 신 제피로스도 그를 무척 좋아했지요. 하지만 아폴론이 히아킨토스를 너무 좋아해서 자신의 마음을 차마 드러내지 못했어요.

하루는 아폴론과 히아킨토스가 사냥개를 데리고 들판으로 나갔어요. 둘은 풀밭을 뛰어다니며 사냥을 했어요. 누가 원반을 더 멀리 던지는지 겨루기도 했어요.

"내가 먼저 던질 테니 잘 봐!"

아폴론이 온 힘을 다해 원반을 하늘 높이 던졌어요. 원반이 쌩하고 멀리 날아갔어요. 히아킨토스는 원반이 땅에 떨어지기도 전에 그쪽을 향해 달려갔어요. 원반을 주워서 자기도 얼른 던지고 싶었거든요.

그런데 이게 웬일인가요. 갑자기 바람의 방향이 바뀌더니 원반이 히아킨토스의 머리로 날아왔어요.

"으악!"

히아킨토스는 피를 흘리며 바닥에 쓰러졌어요.

돌풍을 일으켜 바람의 방향을 바꾼 신은 제피로스였어요. 아폴론과 히아킨토스가 다정하게 노는 것을 보고 질투를 느낀 거예요. 제피로스는 히아킨토스가 쓰러지자 슬그머니 사라져 버렸어요.

아폴론은 깜짝 놀라 바닥에 쓰러진 히아킨토스를 끌어안았어요.

"오, 이게 도대체 웬 날벼락이란 말인가!"

아폴론은 히아킨토스의 머리에 약초를 붙여 주었어요. 그러나 히아킨토스는 정신을 차리지 못하고 그만 죽고 말았어요.

"이럴 수가, 내가 던진 원반에 맞아 죽다니……"

아폴론은 큰 소리로 울부짖으며 괴로워했어요.

히아킨토스의 머리에서 흐른 피가 땅속으로 스며들자 아폴론이 말했어요.

"너는 비록 죽었지만 나는 너를 영원히 기억할 것이다. 리라를 연주하며 노래를 부를 때도 너를 생각할 것이다. 사람들이 너를 오래 기억하도록 꽃으로 되살아나게 할 것이다."

 그러자 신기한 일이 벌어졌어요. 히아킨토스의 피가 스며든 땅에서 자주색 꽃이 피어난 거예요. 아폴

론은 이 꽃을 '히아킨토스'라고 불렀어요.

 훗날 스파르타 사람들은 초여름에 피는 이 꽃을 볼 때마다 잘생긴 히아킨토스 왕자를 떠올리며 그리워했어요.

"히아킨토스 왕자님처럼 아름다운 꽃이네!"

 히아킨토스 꽃은 우리가 알고 있는 '히아신스'예요.

 스파르타에서는 히아킨토스 왕자를 기리기 위해 해마다 초여름에 축제를 열었답니다.

조각상을 사랑한 피그말리온

피그말리온은 어릴 때부터 잔인한 키프로스 여인들을 싫어했어요. 그래서 자신이 결혼하고 싶은 여인을 직접 조각했지요. 조각상에 이름도 붙여 주고 옷도 입혀 주었어요. 그는 조각상과 결혼하고 싶은 마음에 간절히 기도를 하는데…….

3 조각상을 사랑한 피그말리온

 키프로스의 왕 피그말리온은 결혼할 마음이 없었어요. 키프로스 남쪽에 사는 여인들을 보고 실망했기 때문이에요.

 키프로스 여인들은 신을 섬기지도 않고 많은 남자들을 만나며 방탕한 생활을 했어요. 그뿐만이 아니에요. 누군가 마을에 찾아와 도움을 청해도 늘 쌀쌀맞고 불친절하게 대했어요.

 "당장 저리 가지 못해!"

 "저리 가, 이 더러운 놈아!"

여인들은 잔인하지도 돌팔매질을 하여 나그네를 죽인 뒤에 제우스 신전에 제물로 던져 버렸어요.

"이럴 수가……."

키프로스의 바다 거품에서 태어난 아프로디테는 이곳 여인들의 행동에 화가 머리끝까지 났어요.

"아름다운 내 고향 키프로스를 이렇게 잔인한 곳으로 만들다니!"

아프로디테는 화가 난 나머지 그 여인들을 모두 돌로 만들어 버렸어요.

어렸을 때부터 키프로스 여인들의 잔인한 모습을 보고 자란 피그말리온은 그들이 싫었어요. 어른이 된 뒤에도 세상 모든 여인들이 다 그렇다고 생각했고, 결혼도 하고 싶지 않았지요.

하지만 피그말리온의 신하들은 생각이 달랐어요.

"어서 결혼을 하여 후손을 낳으셔야 합니다. 그래야 나라가 안정되고 발전할 수 있습니다."

피그말리온은 고개를 설레설레 저었어요.

"그만두시오. 내가 원하는 착하고 아름다운 여인은 이 세상에 없소. 나는 결혼하지 않을 것이오."

피그말리온은 하루하루 쓸쓸한 나날을 보냈어요.

그러던 어느 날, 피그말리온은 자기가 원하는 여인을 직접 조각하여 만들기로 했어요. 어릴 때부터 조

각 솜씨가 뛰어나 땅에 사는 헤파이스토스라고 불릴 정도였거든요.

그는 하얀 *상아를 구해 조각을 하기 시작했어요. 여러 날이 지나자 상아는 점점 아름다운 여인의 모습으로 변해 갔어요.

"이제 조금만 더 하면 완성이다."

피그말리온은 여인 조각상을 만드는 일에만 온 정신을 집중했어요. 여인의 모습이 완성되자 그가 황홀한 듯 조각상을 바라보았어요.

"그래, 이게 바로 내가 원하는 여인의 모습이야!"

그가 만든 조각상은 눈이 부실 만큼 아름다웠어요. 사람과 키도 비슷해서 진짜 살아 있는 여인처럼 보였어요.

"아, 이런 여인이 있다면 당장 사랑을 고백할 텐데……."

*상아: 뿔처럼 생긴 코끼리의 엄니.

피그말리온은 조각상에 '갈라테이아'라는 이름을 붙여 주었어요. 그리고 그날부터 조각상을 마치 살아 있는 사람처럼 대했어요.

"갈라테이아, 이 옷으로 갈아입어요."

그는 조각상에 아름다운 옷을 입혀 주었어요. 값비싼 진주와 보석으로 장식도 해 주었지요.

"갈라테이아, 당신이 살아난다면 난 지금 당장이라도 당신과 결혼하고 싶소."

피그말리온은 늘 조각상 곁에서 함께 생활했어요. 조각상을 아내처럼 생각하면서 함께 밥을 먹고, 밤이 되면 침대에서 함께 잠을 잤지요.

"갈라테이아, 제발 내 손을 한 번만 잡아 주시오."

그는 그렇게 말하며 조각상의 손을 꼭 잡았어요. 하지만 그 손은 차갑고 딱딱하기만 했어요.

그 무렵 키프로스에서 큰 축제가 열렸어요. 해마다 열리는 아프로디테 축제였지요. 사람들은 꽃으로 화려하게 꾸민 마차를 타고 아프로디티 신전으로 향했어요. 신전에 도착한 사람들은 제물을 바치고 향을 피우며 여신께 기도를 올렸어요.

피그말리온도 마차를 타고 아프로디테 신전으로 달려갔어요. 그는 살찐 송아지를 제물로 바치며 간절히 기도했어요.

"아프로디테 여신님, 갈라테이아 같은 여인을 만나게 해 주세요."

피그말리온은 사랑의 여신 아프로디테에게 마음을 다해 기도하면 소원이 이루어질지도 모른다고 생각했어요. 그는 갈라테이아를 아내로 맞고 싶었지만, 차마 그렇게 기도할 수는 없었어요.

아프로디테는 그런 피그말리온의 마음을 잘 알고 있었어요. 그래서 피그말리온이 기도를 하는 동안 그의 왕궁으로 가 보았어요.

"오, 정말 살아 있는 여인처럼 아름답구나!"

아프로디테는 조각상을 보고 깜짝 놀랐어요. 피그말리온의 사랑과 정성이 조각상에 그대로 깃들어 있었기 때문이에요.

 감동한 아프로디테는 피그말리온의 소원을 들어주기로 마음먹었어요.

 "내가 생명을 주리니 넌 이제 사람이 될 것이다!"

 아프로디테가 조각상 코에 생명의 숨결을 불어 넣었어요.

한편 신전에서 기도하던 피그말리온은 제단의 불꽃이 활활 타오르는 순간, 문득 이런 생각이 들었어요.

'혹시 아프로디테 여신님이 내 소원을 들어주신 게 아닐까?'

피그말리온은 급히 왕궁으로 마차를 몰았어요.

"갈라테이아!"

피그말리온은 방에 들어서자마자 조각상 앞으로 달려갔어요. 하지만 조각상은 움직이지 않았어요.

피그말리온이 실망한 표정으로 한숨을 푹 내쉬었어요.

"갈라테이아, 그대가 사람이 되지 않아도 내 사랑은 변치 않을 거요!"

피그말리온은 조각상을 안고 살며시 입술에 입을 맞추었어요. 그러자 놀랍게도 조각상에서 따뜻한 기운이 느껴졌어요. 이윽고 조각상의 양쪽 뺨이 붉어지더니 조금씩 움직이기 시작했어요.

　피그말리온은 눈을 동그랗게 뜨고 조각상을 바라보았어요.

　"피그말리온 님, 제가 진짜 사람이 되었어요. 아프로디테 여신님께서 제게 생명을 주셨어요."

피그말리온은 갈라테이아의 목소리를 듣고 뛸 듯이 기뻤어요.

"오! 갈라테이아, 정말로 사람이 되었군요!"

피그말리온은 눈물을 흘리며 감사의 기도를 올렸어요.

"아프로디테 여신님, 정말 고맙습니다!"

피그말리온은 갈라테이아를 다정하게 안아 주었어요.

화창한 봄날, 피그말리온은 갈라테이아와 결혼식을 올렸어요. 수많은 백성들이 몰려와 두 사람의 결혼을 축하해 주었지요.

"조각상과 사랑에 빠진 임금님이 불쌍했는데 참 잘 되었네."

"이 모든 게 아프로디테 여신님의 은총이랍니다."

아프로디테도 결혼식에 참석하여 두 사람의 결혼

을 축하해 주었어요.

 피그말리온과 갈라테이아는 부부가 되어 행복하게 살았어요. 부부는 해마다 아프로디테 축제를 열어 정성껏 제물을 바치는 것도 잊지 않았지요.

에로스와 프시케의 영원한 사랑

프시케 공주는 아름답다는 이유로 아프로디테 여신에게 미움을 받았어요. 아프로디테는 에로스에게 프시케를 못생긴 남자와 맺어 주라고 했지요. 그런데 심부름을 간 에로스가 프시케에게 반하고 말았어요. 과연 둘의 운명은 어떻게 될까요?

4 에로스와 프시케의 영원한 사랑

한 나라에 아름다운 공주 세 명이 살았어요. 그중에서 셋째 공주 프시케가 가장 아름다웠어요. 얼굴에서 빛이 날 정도였지요.

프시케를 본 사람들은 하나같이 입에 침이 마르도록 칭찬했어요.

"세상에 프시케 공주님처럼 예쁜 사람은 아마 없을 거야."

"프시케 공주님이 아프로디테 여신님보다 더 아름다울걸?"

프시케에 대한 소문은 멀리 퍼져 아프로디테의 귀에까지 들어갔어요.

"뭐? 감히 인간이 나보다 아름답다고?"

아프로디테는 몹시 기분이 상했어요. 게다가 프시케의 아름다움을 칭찬하는 사람들이 자신의 신전에 찾아오지 않자 더욱 화가 났지요.

아프로디테는 급히 아들 에로스를 불렀어요.

"에로스, 프시케를 세상에서 가장 못생긴 남자와 맺어 주어라!"

에로스는 곧바로 프시케가 사는 궁전으로 날아갔어요.

마침 프시케는 잠들어 있었어요.

그 모습은 놀랄 만큼 아름다웠어요.

'아, 어머니가 질투할 만하구나.'

에로스는 잠든 프시케를 보고 한눈에 반했어요. 그는 궁으로 돌아와 어떻게 하면 프시케를 자기 짝으로 만들 수 있을까 곰곰이 생각했어요.

세월이 흐를수록 프시케는 점점 더 아름다워졌어요. 하지만 그 아름다움이 문제였어요. 너무 아름다워 그 누구도 감히 그녀에게 청혼을 하지 않았거든요.

프시케의 두 언니는 이미 결혼하여 행복하게 살고

있었어요. 왕은 혼자 남은 프시케가 걱정되었어요. 그래서 아폴론 신전으로 가서 *신탁을 받았어요.

에로스는 프시케의 아버지가 신탁을 받으러 간다는 소식을 듣고, 아폴론을 찾아가 몰래 무언가를 부탁했어요.

왕이 아폴론 신전에서 프시케에 대해 묻자 목소리가 들려왔어요.

"프시케를 이 나라에서 가장 높은 바위에 데려다 놓아라. 그리고 누가 프시케의 남편이 되더라도 절대 알려고 하지 말라."

왕은 프시케가 가여웠지만 신탁을 따를 수밖에 없었어요. 그는 프시케를 높은 바위에 데려다 놓고 혼자 돌아왔어요.

바위 위에 혼자 남은 프시케는 두려움에 벌벌 떨었어요.

*신탁: 신이 사람을 통해 그의 뜻을 나타내거나 사람의 물음에 대답하는 일.

그때 서풍의 신 제피로스가 다가와 프시케를 번쩍 들어 올렸어요. 그러고는 눈 깜짝할 사이에 어느 멋진 궁전 앞에 내려놓았지요.

궁전의 기둥은 모두 황금이고, 방과 창고에는 수만 가지 보물이 가득했어요.

밤이 깊어지자 프시케의 귀에 처음 듣는 목소리가 들려왔어요. 그 목소리의 주인공은 에로스였어요.

"프시케, 반갑소. 그대를 신부로 맞이하게 되어 정말 기쁘오."

프시케는 너무 어두워서 에로스의 얼굴을 볼 수 없었어요. 하지만 그의 목소리와 손길에서 깊은 사랑을 느낄 수 있었지요.

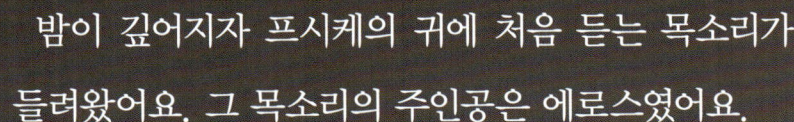

그날부터 둘은 아름다운 궁전에서 행복한 시간을 보냈어요. 에로스는 매일 밤 프시케를 찾아왔다가 날이 밝기 전에 떠났어요. 그래서 프시케는 그의 얼굴을 볼 수 없었어요. 그가 누구인지 알고 싶었지만 꾹 참았지요.

얼마 뒤, 프시케가 더 이상 참지 못하고 물었어요.

"왜 얼굴을 보여 주지 않는 거죠? 이제 당신의 얼굴을 보여 주세요."

"프시케, 조금만 더 기다려 주시오. 때가 되면 보여 드리겠소."

프시케는 어쩔 수 없이 참고 견디는 수밖에 없었어요.

하루는 프시케가 한숨을 쉬며 에로스에게 말했어요.

"부모님과 언니들이 너무 보고 싶어요."

에로스가 고개를 끄덕이며 말했어요.

"알겠소. 보내 줄 테니 부디 잘 다녀오시오."

다음 날, 서풍의 신 제피로스가 프시케를 왕궁으로 데려다주었어요. 부모님과 두 언니를 만난 프시케는 너무 기뻐서 눈물이 났어요.

그런데 두 언니는 프시케가 화려한 궁전에 산다는 말을 듣고 자기들보다 더 행복하게 살고 있다는 생각에 질투가 났어요.

"프시케, 네 남편은 어떻게 생겼니?"

프시케가 울상을 지으며 속마음을 털어놓았어요.

"밤에만 만나서 얼굴을 본 적이 없어."

"뭐, 얼굴을 못 봤다고? 혹시 네 남편 괴물 아니야?"

"프시케, 오늘 밤에 남편 얼굴을 꼭 확인해 봐. 만약 괴물이면 이 칼로 없애야 해. 알았지?"

큰언니가 프시케에게 작은 칼을 건네주었어요.

집으로 돌아온 프시케는 그날 밤 남편의 얼굴을 확인하기로 마음먹었어요.

깜깜한 밤이 되자, 에로스가 프시케를 찾아왔어요. 프시케는 에로스가 잠들기를 기다렸다가 등잔불을 켰어요. 그러고는 잠든 에로스의 얼굴을 가만히 비춰 보았어요.

"아, 아니!"

남편은 괴물이 아니었어요! 신 중에서도 가장 잘생기고 매력적인 에로스였어요.

프시케는 에로스의 얼굴을 빤히 바라보았어요. 등잔에서 뜨거운 기름이 에로스의 어깨에 떨어진 줄도 모르고 넋을 놓고 있었지요.

"앗, 뜨거워!"

에로스가 놀라 잠에서 깼어요. 그는 프시케가 들고 있는 등잔불과 칼을 보고 무슨 일이 벌어진 것인지 금세 알아차렸어요.

"프시케, 조금만 기다려 달라고 내가 그렇게 말했는데……."

에로스가 프시케를 원망스러운 얼굴로 쳐다보더니 궁전 밖으로 나갔어요.

"에로스, 에로스! 가지 마세요!"

에로스는 그 뒤로 영영 돌아오지 않았어요. 프시케는 궁전을 떠나 에로스를 찾으러 이곳저곳 떠돌아다녔어요. 먹지도 않고 잠도 자지 않으면서 정처 없이 헤매고 다녔지요.

프시케는 멀리 신전이 보일 때마다 달려가 간절히 기도했어요.

"신이시여, 제발 에로스가 있는 곳을 알려 주세요."

신들은 프시케의 기도를 들어주지 않았어요. 프시케의 기도를 들어주면 아프로디테가 화를 낼 것 같았기 때문이에요.

다행히 결혼의 여신 헤라가 프시케를 불쌍히 여겨 도와주었어요.

"가엾은 프시케, 지금 당장 아프로디테를 찾아가 용서를 빌어라. 그러면 네 남편이 어디 있는지 알려 줄지도 모른다."

프시케는 곧장 아프로디테의 신전으로 달려가 용서를 빌었어요. 하지만 아프로디테는 냉정한 눈으로 프시케를 바라볼 뿐이었어요. 여전히 프시케의 아름다움을 질투하고 있었거든요.

프시케가 두 손을 모으고 간절히 말했어요.

"제가 어떻게 해야 여신님의 화가 풀리실까요? 잘못했습니다. 제발 용서해 주세요."

"그럼 좋다. 네 가지 과제를 줄 테니 해결해 보아라. 하나라도 실패하면 앞으로 에로스를 절대 볼 수 없을 것이다."

첫 번째 과제는 저녁이 되기 전까지 산더미처럼 쌓인 곡식들을 같은 종류끼리 가려 놓는 것이었어요.

프시케가 곡식 앞에서 한숨을 쉬고 있는데 어디선가 개미 떼가 나타나 곡식들을 한 알 한 알 종류별로 나눠 주었어요. 덕분에 첫 번째 과제는 저녁이 되기 전에 끝났지요.

아프로디테가 못마땅한 얼굴로 두 번째 과제를 주었어요.

"흥, 제법이구나. 이번에는 물가에 있는 금빛 양털을 가져오너라."

프시케가 물가로 다가가자 누군가의 목소리가 들려왔어요. 그건 강의 신이 갈대 줄기를 비비며 속삭이는 소리였어요.

"프시케, 저 양들은 사람을 잡아먹는 괴물이야. 그러니 양들이 잠자는 밤중에 가서 나무 덤불에 걸린 금빛 양털을 가져오렴."

 밤이 되자 양들이 금빛 양털을 나무 덤불에 걸어 놓고 잠이 들었어요. 프시케는 금빛 양털을 한 아름 안고 재빨리 아프로디테에게 갔어요.

 "흥! 이번 과제도 잘하는지 어디 두고 보자."

세 번째 과제는 까마득한 계곡에서 강물을 떠 오는 것이었어요. 그런데 이번에는 어디선가 독수리가 나타나서 물병에 강물을 담아 주었어요.

프시케가 세 번째 과제도 무사히 해결하자, 아프로디테의 표정이 일그러졌어요.

"제법이구나. 그러나 마지막 과제는 절대 해내지 못할 것이다!"

네 번째 과제는 지하 세계에 사는 페르세포네 왕비에게 가서 '아름다워지는 비결'이 담긴 상자를 가져오는 것이었어요. 살아 있는 사람은 도저히 할 수 없는 일이었지요.

'지하 세계는 죽은 사람만 갈 수 있는 곳인데 어떻게 가지?'

프시케는 고개를 떨구었어요. 그때 어디선가 친절한 목소리가 들려왔어요.

"프시케, 힘을 내. 내가 도와줄 테니 어서 일어나 지하 세계로 가렴."

순간 프시케 앞에 동전 두 개와 딱딱한 빵 세 개가 나타났어요. 프시케는 그것들을 들고 목소리가 알려 준 대로 지하 세계로 향했어요.

멀고 먼 길을 걸어 지하 세계 입구에 도착했을 때 다시 목소리가 들렸어요.

"프시케, 페르세포네가 '아름다워지는 비결'이 담긴 상자를 주거든 절대 열어 보면 안 돼!"

"예! 알겠어요."

프시케는 지하 세계의 뱃사공 카론에게 동전을 주고 저승의 강을 건넜어요. 성문을 지키는 사나운 개 케르베로스에게는 딱딱한 빵 세 개를 던져 주어 입을 막았지요.

페르세포네가 프시케를 보고 깜짝 놀랐어요.

"목숨을 걸고 여기까지 오다니 에로스를 향한 네 사랑이 참으로 대단하구나."

페르세포네는 '아름다워지는 비결'이 담긴 금빛 상자를 프시케에게 건네주었어요. 프시케는 상자를 가슴에 품고 급히 발걸음을 돌려 밖으로 나갔어요.

프시케는 밖으로 나오자 비로소 안심이 되었어요.

"그런데 이 상자에는 무엇이 들어 있을까?"

프시케는 '아름다워지는 비결'이 무엇인지 너무 궁금했어요. 순간 경고의 말을 무시하고 금빛 상자를 슬쩍 열어 보았어요.

상자에서 무언가 스르르 빠져나와 프시케의 몸을 감쌌어요. 눈에도 보이지 않고 형체도 없었어요. 그것은 '잠'이었어요. 여신들이 젊음과 아름다움을 유지하는 비결은 '잠'이었던 거예요.

아프로디테는 상자 안에 들어 있는 것이 '잠'이라는 것을 알고 있었어요. 사람인 프시케가 여신들의 잠에 빠지면 절대 깨어나지 못한다는 것도 알고 있었지요.

"아유, 졸려."

프시케는 곧 풀밭 위에 쓰러져 깊은 잠에 빠지고 말았어요.

한편 에로스는 날이 갈수록 프시케가 그리워 견딜 수가 없었어요. 또 프시케가 자신을 위해 지하 세계까지 갔다는 말을 전해 듣고 마음이 너무 아팠어요.

"안 되겠다. 프시케를 찾아봐야겠어."

에로스는 하늘로 날아올라 온 세상을 누비며 프시케를 찾아다녔어요.

얼마 뒤 에로스는 풀밭에 쓰러져 있는 프시케를 발견했어요. 에로스는 프시케가 깊은 잠에 빠진 이유를 곧 알아챘어요. 그는 프시케의 몸에 붙은 잠을 떼어 다시 금빛 상자 안에 넣었어요. 그러고는 자신의 화살로 프시케를 콕 찔렀어요.

"프시케, 어서 일어나시오!"

잠에서 깨어난 프시케는 에로스를 보고 너무 기뻐서 눈물을 흘렸어요. 에로스도 감격하여 말을 잇지 못했지요.

에로스는 프시케를 안전한 곳에 숨겨 두고 올림포스로 곧장 날아갔어요. 그는 제우스를 찾아가 간절히 빌었어요.

"제우스 님, 부디 제 어머니의 화를 풀어 주세요.

저와 프시케의 사랑이 이루어질 수 있도록 도와주십시오!"

에로스의 간절한 애원에 제우스의 마음이 움직였어요.

신들의 왕 제우스가 직접 나서서 설득하자 아프로디테도 결국 마음을 풀었어요.

마침내 에로스와 프시케는 신들의 축복을 받으며 결혼을 하게 되었어요.

결혼식 날, 제우스는 프시케에게 넥타르를 한 잔 따라 주었어요. '넥타르'는 신들이 마시는 대표적인 음료예요. 원래는 신들만 마실 수 있는데, 만약 인간이 마시면 영원한 생명을 얻게 되는 아주 신비한 음료지요.

프시케는 넥타르를 마신 덕분에 영원한 생명을 가진 여신이 되었어요. 참고로 프시케라는 이름에는

'나비' 또는 '영혼'이라는 뜻이 담겨 있어요.

  프시케와 에로스의 사랑 이야기는, 수많은 신과 인간의 사랑 이야기 중에서도 가장 아름다운 이야기로 널리 알려져 있답니다.

황금을 좋아한
미다스 왕

황금을 사랑하는 미다스 왕은 디오니소스에게 손에 닿는 것을 모두 황금으로 변하게 해 달라고 부탁했어요. 다시 생각해 보라는 말에도 그는 황금을 간절히 원했지요. 모든 것이 황금으로 변하는 삶은 어떤 모습일까요?

5 황금을 좋아한 미다스 왕

프리기아 왕국의 미다스 왕은 어마어마한 부자였어요. 그런데도 늘 더 큰 부자가 되고 싶었어요.

미다스 왕이 세상에서 가장 사랑하는 것은 황금이었어요. 황금만 생각하느라 정원에 핀 아름다운 꽃을 보고도 아름답다고 생각하지 못했지요.

"꽃은 아름답지만 금세 시들어 버리지. 그렇지만 황금은 귀할 뿐만 아니라 영원히 변하지 않아. 그래서 내가 황금을 좋아하지."

미다스 왕은 황금만 생각하면 괜스레 기분이 좋아

졌어요.

하루는 농부들이 술에 취한 노인을 미다스 왕에게 데려왔어요.

"왕이시여, 술에 취해 몸조차 가누지 못하는 이 노인을 어떻게 하면 좋겠습니까?"

미다스 왕은 그 노인이 누구인지 한눈에 알아보았어요.
'앗, 실레노스다!'
실레노스는 술의 신 디오니소스를 키우고 가르친

스승이에요. 산과 들을 떠돌며 사는 매우 지혜로운 요정이지요.

"여봐라, 이분께 깨끗한 옷을 드리고 음식을 대접해 드려라!"

미다스 왕은 실레노스를 위해 잔치를 열었어요. 먹음직스러운 음식과 흥겨운 음악으로 그를 정성껏 대접했지요. 잔치는 무려 열흘 동안 계속되었어요.

미다스 왕이 실레노스에게 말했어요.

"부족한 게 있으면 뭐든지 말씀해 주십시오."

"부족하다니……. 내 이 은혜를 어찌 갚아야 하나."

실레노스는 미다스 왕의 정성에 깊은 감동을 받았어요.

잔치가 끝난 뒤, 미다스 왕은 실레노스를 마차에 태우고 궁전 밖으로 나갔어요.

"디오니소스 님에게 가자!"

마차는 들판을 가로질러 리디아 지방으로 향했어요. 마침 디오니소스는 사람들과 흥겹게 축제를 즐기고 있었어요.

스승이 사라져 걱정했던 디오니소스는 그가 무사히 돌아오자 무척 기뻤어요.

디오니소스가 미다스 왕에게 말했어요.

"내 스승님을 열흘 동안이나 극진히 대접했다고? 오! 참으로 고맙구나."

"아닙니다. 당연히 해야 할 일을 했을 뿐입니다."

"미다스 왕이여, 원하는 것이 있으면 무엇이든 말해 보라. 네 소원을 들어주겠다."

미다스 왕이 잠시 뜸을 들이다가 입을 열었어요.

"제 손에 닿는 것은 무엇이든 황금으로 변하게 해 주십시오."

디오니소스가 고개를 갸우뚱거리며 되물었어요.

"정말 그게 네 소원이냐? 다시 생각해 보는 것은 어떤가?"

"제 소원은 변함이 없습니다. 저는 세상에서 황금이 가장 좋습니다."

디오니소스는 미다스 왕을 물끄러미 바라보았어요.

"흠, 알겠다. 소원을 들어주마. 앞으로 그대 손에 닿는 것은 무엇이든 다 황금으로 변할 것이다!"

미다스 왕은 세상을 다 가진 것처럼 기뻤어요. 감사의 인사도 잊지 않았지요.

"감사합니다! 정말 감사합니다!"

미다스 왕은 서둘러 왕궁으로 마차를 몰았어요.

"나는 세상에서 가장 큰 부자가 될 것이다!"

미다스 왕은 잠시 마차를 세우고 참나무 가지를 하나 꺾어 보았어요. 그러자 나뭇가지가 순식간에 황금으로 변했어요.

"오, 황금이다! 진짜 황금이야!"

미다스 왕은 황금으로 변한 나뭇가지를 들고 펄쩍펄쩍 뛰었어요. 길바닥에 굴러다니는 돌멩이도, 나뭇잎도, 만지기만 하면 다 황금으로 변했어요.

"하하하, 내 손은 이제 황금 손이다! 모든 걸 황금으로 만들 수 있다!"

미다스 왕은 다시 마차에 올라 궁전으로 향했어요.

하루 종일 먹지도 않고 돌아다녀서 미다스 왕은 배가 몹시 고팠어요.

"여봐라, 당장 음식을 내오고 맛있는 포도주도 가져오너라."

명령이 떨어지자마자 요리사들이 식탁 한가득 갖가지 음식을 내놓았어요. 빵과 고기, 과일은 물론 향기로운 포도주도 있었지요.

"흠, 참으로 먹음직스럽군."

미다스 왕은 한 손으로 빵을 움켜잡더니 크게 한 입 베어 물었어요.

"으악, 이게 뭐야!"

미다스 왕은 소리를 지르며 빵을 내던졌어요. 빵이 딱딱한 황금으로 변해 먹을 수가 없는 거예요.

"빵도 황금으로 변하다니!"

목이 말라서 물과 포도주를 마시려고 해도 소용없었어요. 손이 닿는 순간 잔과 물, 포도주까지 전부 황금으로 변해 버렸거든요.

"오 이런, 아무것도 먹을 수가 없다니!"

미다스 왕은 배가 고파서 견딜 수가 없었어요. 손에 닿는 것마다 모두 황금으로 변해 버리니 음식을 어떻게 먹을 수 있겠어요.

신하들마저 미다스 왕 옆에 다가가지 않았어요. 왕의 손에 닿으면 자기도 황금으로 변할 테니 무서워서

다가갈 수 없었던 거예요.

"이럴 수가! 이 많은 황금을 가지고도 기쁨을 누릴 수 없다니."

미다스 왕은 하루에도 몇 번씩 한숨을 길게 내쉬었어요. 그는 엄청난 황금을 가진 큰 부자가 되었지만

조금도 행복하지 않았어요. 오히려 세상에서 가장 외롭고 배고픈 왕이 되고 말았지요.

마침 그때 프리기아의 공주가 미다스 왕에게 다가왔어요.

"아버지, 아무것도 드시지 못한다고 하던데 그게 정말인가요?"

프리기아의 공주는 미다스 왕이 세상에서 가장 사랑하는 딸이에요.

공주는 아버지를 위로하며 하염없이 눈물을 흘렸어요.

"나를 위로해 주는 사람은 오직 너뿐이구나."

미다스 왕도 눈물을 흘렸어요. 그러고는 자기도 모르게 사랑하는 공즈의 손을 와락 잡고 말았어요. 그 순간, 공주도 황금으로 변해 버렸어요. 눈물을 흘리는 모습 그대로 딱딱한 황금 조각상이 된 거예요.

"오오, 내 딸아! 너마저 황금으로 변해 버리다니! 아, 이 저주받은 손을 없애 버리고 싶구나!"

미다스 왕은 두 손을 치켜들고 울부짖었어요.

"디오니소스 님, 제발 저를 도와주소서! 이 황금의 저주를 풀어 주소서!"

미다스 왕은 한참 동안 울부짖으며 소리를 질렀어

요. 그러자 마침내 디오니소스가 나타났어요.

"쯧쯧, 이제 네 소원이 얼마나 어리석은 것인지 깨달았느냐?"

"네, 이제야 깨달았습니다. 그러니 부디 제 손에 걸린 저주를 풀어 주십시오. 이제 황금이라면 지긋지긋합니다."

디오니소스가 고개를 끄덕이며 말했어요.

"알겠다. 지금 바로 팍톨루스강으로 가서 몸과 마음을 씻어 내라. 그러면 네 어리석음과 욕심이 모두 씻겨 나갈 것이다."

미다스 왕은 팍톨루스강으로 달려가 강물에 손을 담갔어요. 그러자 강바닥의 모래가 고운 황금으로 바뀌었어요. 그러나 그것이 마지막이었어요.

강물에 몸과 마음을 모두 씻고 나자 미다스 왕은 원래대로 돌아왔어요. 이제 손으로 무엇이든 만져도 황금으로 변하지 않게 된 거예요.

"휴, 이제야 살았다."

미다스 왕은 비로소 한숨을 내쉬며 기쁨의 눈물을 흘렸어요.

"이제 황금 같은 건 쳐다보기도 싫구나."

미다스 왕은 궁전에서 화려하게 사는 것도 싫었어요.

"앞으로는 산과 들에서 자유롭게 살고 싶구나."

그는 궁전을 떠나 숲으로 들어갔어요. 자연과 더불어 사니 이전보다 훨씬 행복한 것 같았어요. 들에서 만난 판이 미다스 왕의 친구가 되어 주었어요. 판은 산과 들에 살며 가축과 숲을 지키는 신이에요.

이제 미다스 왕은 세상을 다른 눈으로 보게 되었어요. 반짝이는 햇빛도 아름답게 보였고, 들판의 꽃들도 아름답게 보였어요. 새들이 지저귀는 소리는 마치

신비한 음악 소리처럼 들렸지요.

하지만 황금 조각상으로 변해 버린 공주를 생각하면 늘 마음이 아팠어요.

"딸아, 정말 미안하구나. 부디 이 못난 아비를 용서해 다오."

미다스 왕은 이렇게 지난날을 반성하면서 살았답니다.

자신과 사랑에 빠진 나르키소스

멋진 청년으로 자란 나르키소스는 어디를 가나 인기 만점이었어요. 하지만 그는 다른 사람에게는 별 관심이 없었어요. 사랑의 고통도 알지 못했지요. 그러던 어느 날, 샘물 속에 있는 누군가를 사랑하게 돼요. 그는 과연 누구일까요?

6 자신과 사랑에 빠진 나르키소스

 물의 요정 리리오페가 아주 귀여운 아들을 낳았어요. 리리오페는 그 아이에게 나르키소스라는 이름을 지어 주었지요.

 리리오페는 아들을 안고 앞 못 보는 예언자 테이레시아스를 찾아갔어요. 아들의 앞날이 궁금했기 때문이에요.

 리리오페가 예언자에게 물었어요.

 "이 아이의 운명을 알고 싶습니다. 앞으로 오래오래 살 수 있을까요?"

테이레시아스가 잠시 생각한 뒤에 입을 열었어요.

"자기 자신을 모르면 오래 살 것이오."

리리오페는 예언자의 말이 무슨 뜻인지 몰라 고개를 갸우뚱했어요.

"더는 말해 줄 수 없소. 오래 살려면 자기 자신을 몰라야 한다는 말밖에는……."

리리오페는 수수께끼 같은 말만 듣고 집으로 돌아왔어요.

세월이 흘러 나르키소스는 멋진 청년으로 자랐어요. 키도 크고 얼굴도 아주 잘생긴 미남이었지요.

"우아, 어쩌면 저렇게 잘생겼을까!"

"말이라도 한 번 붙여 봤으면 소원이 없겠네."

주변에 사는 여자들은 나르키소스를 보고 한눈에 반했어요. 사람뿐 아니라 숲에 사는 요정, 물에 사는 요정들까지 나르키소스를 좋아했어요.

하지만 나르키소스는 아무한테도 관심이 없었어요. 어찌나 콧대가 높은지 요정들이 다가가 말을 걸어도 모른 척했어요.

숲의 요정 에코도 다른 이들처럼 나르키소스를 좋아했어요. 에코는 그를 볼 때마다 가슴이 떨렸고, 그에게 말을 걸고 싶었어요. 하지만 그럴 수가 없었지

요. 에코는 상대방이 한 말 중에서 마지막 말만 따라 할 수 있었거든요.

에코가 이렇게 된 것은 제우스의 아내 헤라 때문이에요.

에코는 원래 아주 말이 많았어요. 그런데 어느 날 제우스가 숲의 요정들과 놀고 있을 때 갑자기 헤라가 나타났어요. 에코는 제우스와 요정들이 도망갈 수 있게 헤라를 붙들고 자꾸 말을 걸었어요.

그러자 헤라가 눈치를 채고 불같이 화를 냈어요.

"감히 내 일에 끼어들다니! 너는 앞으로 상대방이 한 마지막 말만 따라 하게 될 것이다!"

이런 일 때문에 에코는 먼저 말을 하지 못하고 상대방이 한 말 중에서 마지막 말만 따라 하게 된 거예요.

하루는 나르키소스가 친구들과 함께 사슴 사냥을

나갔어요. 그러다가 그만 친구들과 헤어져 길을 잃고 말았어요.

"어? 여기가 어디지?"

숲에 혼자 남은 나르키소스는 덜컥 겁이 나서 소리쳤어요.

"모두 어디로 간 거야? 얼른 대답해!"

이때 한쪽에 숨어 있던 에코가 말했어요.

"대답해!"

나르키소스는 반가운 마음에 소리가 들리는 쪽을 향해 다시 소리쳤어요.

"누구냐? 이리 나와 봐!"

"나와 봐!"

"장난치지 말고 이리 나오라니까."

"나오라니까."

에코는 나르키소스의 말을 따라 하다가 더는 참지 못하고 수풀에서 불쑥 나왔어요. 그러고는 후닥닥 달려가 나르키소스를 껴안았어요.

"넌 누구야? 당장 떨어지지 못해!"

나르키소스가 눈이 휘둥그레져 에코를 핵 밀쳤어요. 에코는 그만 바닥에 나동그라지고 말았어요. 나르키소스는 그런 에코에게 눈길 한 번 주지 않고 돌아서 가 버렸어요.

에코는 마음에 큰 상처를 입고 동굴로 들어갔어요. 그곳에서 아무것도 먹지 않고 날마다 울기만 했지요.

에코의 몸은 점점 바위로 변해 가더니 결국 목소리만 남게 되었어요. 지금까지 에코는 숲에 남아서 영원한 벌을 받고 있어요.

산 정상에서 소리를 지르면 메아리가 들리지요? 이 메아리가 바로 에코의 목소리랍니다. 영어 '에코(echo)'는 '메아리'라는 뜻이에요.

나르키소스는 에코만 싫어했을까요? 그렇지 않아요. 그는 자신에게 사랑을 고백하는 사람들과 요정들을 모두 무시하고 싫어했어요.

나르키소스에게 사랑을 고백했다가 거절을 당한 사람들과 요정들은 너무 창피하고 부끄러워 흑흑 눈물만 흘렀지요.

하루는 한 여인이 울면서 신에게 기도했어요.

"신이시여, 나르키소스도 우리처럼 사랑의 아픔을 느끼게 해 주십시오. 이루어질 수 없는 사랑에 빠져 고통받게 해 주십시오."

마침 복수의 여신 네메시스가 이 기도를 들었어요.

"사랑을 고백한 사람들과 요정들의 마음을 아프게 하다니 참으로 괘씸하구나."

네메시스는 나르키소스에게 벌을 내려야겠다고 생각했어요.

어느 날, 나르키소스가 사냥을 하러 길을 나섰어요. 하루 종일 사냥을 하다 갈증을 느낀 그는 맑은 물이 고인 샘을 발견했어요.

"물을 좀 마셔 볼까."

나르키소스는 샘물을 마시려다가 멈칫했어요. 누군가가 물속에서 자신을 보고 있었기 때문이에요.

"오, 당신은 누구세요? 물의 요정인가요? 정말 아름답군요!"

나르키소스는 목이 마른 것도 까맣게 잊고 물속에 있는 얼굴을 계속 바라보았어요. 물에 비친 자신의 모습이라고는 상상조차 하지 못했지요.

나르키소스는 물속의 얼굴에게 수줍게 말을 걸었어요.

"저, 저기요? 거기 계신 건가요?"

하지만 아무리 말을 걸어도 침묵만 돌아왔지요.

어느새 그는 물속의 얼굴과 깊은 사랑에 빠지고 말았어요. 샘 주변을 맴돌며 하염없이 물속만 내려다보았지요.

나르키소스가 물었어요.

"당신은 왜 아무 말도 하지 않나요? 내가 싫어서 그런 건가요?"

그는 물속의 얼굴을 만지고 싶어서 물 위에 가만히 손을 댔어요. 그러자 물결이 일렁거리며 얼굴이 사라져 버렸어요.

"앗? 가지 마세요. 다시는 만지지 않을게요."

나르키소스는 아주 조심스럽게 입술을 물에 대 보았어요. 하지만 이번에도 물속의 얼굴은 사라져 버렸어요.

"오, 제발 가지 마세요!"

나르키소스는 그때마다 가슴이 찢어질 듯 아팠어요. 처음으로 느껴 보는 사랑의 감정, 그것은 끔찍한 고통이었어요.

"아, 내 마음이 왜 이렇게 아프지? 이렇게 괴로운 마음은 처음이야."

여러 날이 지났지만 나르키소스는 샘 주변을 떠나지 못했어요. 물속의 얼굴을 쳐다보며 눈물만 뚝뚝 흘렸지요. 그의 눈물이 샘에 떨어지자 물속의 얼굴도 흔들렸어요. 나르키소스는 그가 사라질까 봐 두려웠어요.

"오, 사랑의 고통을 나보다 더 심하게 느껴 본 사람

은 없을 것이다! 사랑하는 사람을 만져 볼 수도 없다니 정말 미칠 것 같구나!"

나르키소스는 몸부림치며 울부짖었어요. 잠도 자지 않고 먹지도 못하면서 하루 종일 물속만 바라보고 있었지요. 그렇게 괴로워하다가 결국 샘 앞에서 숨을 거두고 말았어요.

나르키소스의 영혼은 지하 세계로 가는 배를 탔어요. 그는 배 안에서도 스틱스강에 비친 자기 얼굴을 보고 깜짝 놀랐어요.

"아, 여기에도 내가 사랑하는 요정이 있네!"

나르키소스는 줄곧 물속만 바라보며 지하 세계로 건너갔어요.

나르키소스가 죽자 물의 요정과 숲의 요정들은 무척 슬퍼했어요. 목소리만 남은 에코도 요정들을 따라 슬피 울었지요.

요정들은 나르키소스의 장례식을 준비했어요. 그런데 죽은 나르키소스의 몸이 어디로 사라졌는지 보이지 않았어요.

"분명히 여기 있었는데……."

요정들은 나르키소스가 마지막에 머물렀던 샘 주변을 살펴보았어요.

"어? 이게 뭐지?"

샘 옆에 처음 보는 꽃이 예쁘게 피어 있었어요. 부끄럽다는 듯 고개를 숙인 그 꽃은 나르키소스와 많이 닮아 있었어요.

"나르키소스가 죽어서 꽃이 된 거야!"

요정들은 그 꽃을 '나르키소스'라고 불렀어요. 이 꽃이 바로 봄이면 피어나는 수선화랍니다.

나르키소스의 이 이야기에서 비롯하여 '나르시시즘'이란 말이 생겼어요. 자기 자신을 지나치게 사랑한다

는 의미로 쓰이는 말이지요. 독일의 한 의사가 나르키소스의 이름에서 따와 만든 말이랍니다.
 자기 자신을 사랑하는 마음은 무엇보다 중요해요. 하지만 그 마음이 지나쳐 나르키소스처럼 다른 사람을 사랑하지 못하게 된다면 그건 곤란하겠지요.

오이디푸스 왕 이야기

끔찍한 신탁을 받은 라이오스 왕은 어쩔 수 없이 아들을 산속에 버렸어요. 그 아이는 코린토스 왕과 왕비의 손에 자라게 되지요. 그의 이름은 바로 오이디푸스예요. 오이디푸스는 과연 비극적인 운명을 피할 수 있을까요?

7 오이디푸스 왕 이야기

테베의 왕 라이오스는 이제 막 태어난 아들을 내려다보며 한숨을 쉬었어요. 얼마 전에 받은 끔찍한 신탁 때문이에요.

"네 아들이 태어나면 너는 아들의 손에 죽게 될 것이다!"

라이오스는 생각만 해도 끔찍해서 몸이 부르르 떨렸어요.

"신탁이 이루어지면 나는 아들 손에 죽는다. 그런 일이 생기도록 내버려 둘 수는 없지!"

라이오스는 아무도 모르게 한 시종을 불러 명령했어요.

"이 아이를 산으로 데려가 죽여라."

시종은 두려움이 가득한 눈으로 몸을 부들부들 떨며 아이를 받아 안았어요.

"명령대로 하지 않으면 너도 살아남지 못할 것이다."

시종은 캄캄한 밤이 되기를 기다렸다가 아기를 안고 키타이론산으로 갔어요.

"왕자님을 산에 그냥 버리면 산짐승의 먹이가 되고 말 거야."

시종은 방긋방긋 웃고 있는 아기를 보자 마음이 약해졌어요.

"그래! 죽이지 말고 나무에 매달아 놓자."

시종은 아기의 발목에 끈을 묶어 나뭇가지에 매달아 놓았어요. 그러그는 누가 볼세라 급히 궁으로 돌아왔어요.

다음 날 아침, 이웃 나라인 코린토스 왕국의 양치기가 산을 지나가다가 아이를 발견했어요.

'이런, 웬 아이가 나무에 거꾸로 매달려 울고 있지?'

양치기는 아이를 나무에서 내린 뒤 코린토스 궁전으로 데리고 갔어요.

코린토스의 왕 폴리보스와 왕비 메로페는 아이를 보고 무척 기뻐했어요. 그들은 대를 이을 자식이 없어서 걱정이 많았거든요.

"신께서 우리를 가엾이 여겨 이 아이를 보내신 게 틀림없어요."

"맞아요. 우리가 잘 키워서 이 아이에게 왕위를 물려줍시다."

왕과 왕비는 아이에게 '오이디푸스'라는 이름을 붙여 주었어요. 오이디푸스는 '부어오른 발'이란 뜻이에

요. 나뭇가지에 오래 매달려 있어 두 발이 퉁퉁 부어 있었기 때문에 그런 이름을 지어 준 거예요.

세월이 흘러 오이디푸스는 늠름한 청년으로 자랐어요. 하루는 오이디푸스가 길을 가다가 사람들이 주고받는 말을 들었어요.

"오이디푸스 왕자가 왕위를 이을 수 있을까?"

"그럼! 비록 임금님의 친아들은 아니지만 훌륭하게 잘 자랐잖아."

오이디푸스는 자신의 귀를 의심했어요. 그는 폴리보스 왕과 메로페 왕비가 친부모가 아니라는 생각을 한 번도 해 본 적이 없었어요.

하지만 그는 자신의 출생에 어떤 비밀이 있다는 걸 금세 눈치챘어요.

"아폴론 신전에 가서 신탁을 받아 봐야겠다."

오이디푸스는 곧장 델포이로 가서 신탁을 받았어요.

"불쌍한 자여, 그대는 아버지를 죽이고 어머니와 결혼할 운명이다."

오이디푸스는 신탁을 듣고 큰 충격을 받아 눈앞이 캄캄했어요.

"아, 내가 무슨 죄를 많이 지어 이런 운명을 타고났단 말인가!"

오이디푸스는 코린토스로 돌아가지 않고 정처 없이 길을 떠났어요.
그는 파르나소스산을 힘없이 걸어 내려가고 있었어요. 그런데 좁은 길에서 어떤 화려한 마차와 마주쳤

어요. 그 마차에는 테베의 왕 라이오스가 타고 있었어요. 라이오스는 테베에 나타난 스핑크스라는 무서운 괴물을 물리칠 방법을 신전에 물어보러 가는 길이었어요.

마차를 모는 시종이 오이디푸스를 향해 버럭 외쳤어요.

"웬 놈이 길을 막느냐! 당장 비켜라!"

시종이 오이디푸스를 확 밀쳤어요. 라이오스 왕도 지팡이로 오이디푸스의 머리를 세게 후려쳤어요.

오이디푸스는 화가 치밀어 큰 소리로 따졌어요.

"이놈들아, 내가 뭘 어쨌다고 나를 무시하느냐!"

오이디푸스는 칼을 뽑아 들고 싸우다 그만 라이오스 왕과 시종들을 죽이고 말았어요. 끔찍한 신탁대로 친아버지를 죽이고 만 거예요. 오이디푸스는 자기가 죽인 사람이 아버지라는 걸 전혀 알지 못했어요.

오이디푸스는 며칠 뒤 테베에 도착했어요. 그런데 이상하게도 거리가 조용했어요. 사람들에게 물어보니 스핑크스 때문이라고 했어요.

"무시무시한 스핑크스가 길을 가는 사람한테 수수께끼를 내는데 맞히지 못하면 잡아먹어 버립니다. 그래서 사람들이 집 밖으로 나오지도 못하고 다들 숨어 있답니다."

사람들은 스핑크스라는 말만 들어도 벌벌 떨었어요. 그동안 수수께끼를 푼 사람은 아무도 없다고 했어요.

그 무렵 테베는 이오카스테 왕비의 동생인 크레온이 다스리고 있었어요. 라이오스 왕이 죽자, 우선 크레온이 왕의 자리를 지키고 있었던 거예요.

크레온이 테베 사람들을 향해 말했어요.

"누구든 수수께끼를 풀어 스핑크스를 물리치면 그에게 테베 왕국의 왕위를 넘겨주겠다. 또 이오카스테 왕비와 결혼할 수 있는 자격을 주겠노라."

오이디푸스는 호기심이 일어 곧바로 스핑크스를 찾아갔어요.

스핑크스는 길가의 높은 바위 위에 앉아 있었어요. 이 괴물은 얼굴은 여자이고 몸은 사자인데 날개가 달려 있었지요.

오이디푸스가 스핑크스를 향해 소리쳤어요.

"자, 나에게도 수수께끼를 내 보아라!"

"좋다! 수수께끼를 내지. 맞히지 못하면 죽을 각오는 되어 있겠지?"

"어서 문제나 내시지!"

"목소리는 하나인데 아침에는 네 발, 낮에는 두 발, 저녁에는 세 발로 걷는 짐승이 무엇이냐?"

오이디푸스가 빙그레 웃으며 말했어요.

"하하, 너무 쉬운 문제군. 답은 '사람'이다. 사람은 어릴 때 두 손과 두 무릎으로 기고, 커서는 두 발로 걷고, 늙으면 지팡이를 짚고 다니니까 말이다."

스핑크스가 깜짝 놀라 몸을 부르르 떨었어요.

"분하구나. 지금까지 아무도 풀지 못했는데."

스핑크스는 부끄럽고 화가 치밀어 타워 아래로 몸을 던져 스스로 목숨을 끊고 말았어요.

공포의 대상이던 스핑크스가 죽자, 백성들이 밖으로 몰려나와 환호성을 질렀어요.

"스핑크스가 죽었다!"

"오이디푸스가 테베를 구했다!"

오이디푸스는 순식간에 테베의 영웅이 되었어요. 크레온은 약속한 대로 스핑크스를 물리친 오이디푸스에게 왕위를 물려주었어요. 또 이오카스테 왕비를 아내로 맞이하게 해 주었어요.

신탁의 예언대로 오이디푸스는 아버지를 죽이고 어머니와 결혼까지 하게 된 거예요.

오이디푸스는 이오카스테 왕비가 친어머니라는 사실을 꿈에도 몰랐어요. 이오카스테 왕비도 마찬가지였지요.

테베의 왕이 된 오이디푸스는 나라를 잘 다스렸어요. 이오카스테 왕비가 두 아들과 두 딸까지 낳아 주어 더욱 행복했지요.

하지만 그 행복은 오래가지 않았어요. 몇 년 뒤, 테베에 큰 가뭄이 들고 전염병이 돌아 수많은 사람들

의 목숨을 앗아 갔어요.

나라 걱정에 잠 못 이루던 오이디푸스는 크레온을 불러 말했어요.

"신이 이 나라에 저주를 내린 모양이오. 테베에 왜 이런 일이 계속되는지 신탁을 받아 오시오."

크레온은 곧장 아폴론 신전으로 향했어요.

며칠 뒤, 크레온이 돌아와 오이디푸스에게 전했어요.

"여기, 신탁을 받아 왔습니다. 테베에 큰 가뭄이 들고 전염병이 도는 이유는 라이오스 왕을 죽인 범인이 이 땅에 살기 때문이라고 합니다."

"뭐라고? 여봐라, 라이오스 왕을 죽인 범인을 당장 잡아 오라!"

오이디푸스는 왕궁 수비대를 풀어 범인을 찾기 시작했어요. 하지만 수비대는 끝내 왕을 죽인 범인을 찾지 못했어요.

오이디푸스는 너무 답답한 나머지 앞을 못 보는 예언자 테이레시아스를 불렀어요.

"그대는 라이오스 왕을 죽인 범인이 누구인지 알고 있소?"

테이레시아스가 달했어요.

"진실을 알고 있지만 감히 제 입으로 말할 수 없습니다."

"당장 말하시오! 말하지 않으면 당신을 죽여 버릴 것이오!"

테이레시아스가 잠시 머뭇거리다 마침내 입을 열었어요.

"그 범인은 바로…… 오이디푸스 왕, 당신입니다!"

"뭐, 뭐라고? 네 이놈!"

오이디푸스가 크게 분노하여 소리를 질렀어요.

그때 마침 코린토스 왕국에서 보낸 사신이 왔어요.

"폴리보스 왕께서 돌아가셨습니다. 그러니 코린트스로 돌아와서 왕위를 이어받으십시오!"

오이디푸스가 고개를 설레설레 저으며 말했어요.

"나는 아버지를 죽이고 어머니와 결혼할 거라는 신탁을 받았다. 비톤 아버지는 돌아가셨지만 어머니께 죄를 지을 수 없으니 돌아가지 않겠다."

사신이 말했어요.

"왕께서는 폴리보스 왕의 친아들이 아닙니다. 그러니 신탁과는 아무 상관이 없습니다."

"뭐라고? 네, 네가 그걸 어찌 아느냐?"

"저는 숲속 나뭇가지에 매달려 있던 아이를 폴리보

스 왕께 데려갔던 양치기입니다. 그래서 그 일을 잘 알고 있지요."

오이디푸스는 그 자리에 우두커니 서서 아무 말도 하지 못했어요. 이오카스테 왕비의 얼굴도 이미 하얗게 질려 있었지요. 그녀가 떨리는 목소리로 말했어요.

"저도 라이오스 왕이 받은 신탁을 알고 있습니다."

이오카스테 왕비가 신하에게 명령했어요.

"라이오스 왕의 명령을 받아 아이를 데리고 나갔던 그때 그 시종을 불러오라!"

잠시 뒤, 늙은 시종이 들어와 왕과 왕비 앞에 무릎을 꿇고 앉았어요.

"너는 라이오스 왕이 왕자를 없애라고 한 일을 기억하느냐?"

"예, 기억하고 있습니다."

"그 아이를 어떻게 했느냐?"

"차마 왕자님을 죽일 수 없어서 산속에 매달아 놓고 왔습니다."

오이디푸스와 이오카스테 왕비는 큰 충격을 받았어요.

"오, 세상에!"

결국 오이디푸스는 신탁의 예언대로 자신이 아버지를 죽이고, 어머니와 결혼했다는 사실을 모두 알게 되었어요.

이오카스테 왕비는 비틀거리며 자기 방으로 들어가 버렸어요. 그것이 왕비의 마지막 모습이었지요.

잠시 뒤, 왕비의 시녀가 달려와 울면서 말했어요.

"왕비님께서 돌아가셨습니다!"

큰 충격을 받은 이오카스테 왕비가 자기 방에서 스스로 목숨을 끊은 거예요. 오이디푸스는 깊은 슬픔에 빠졌어요.

"오, 저주받은 내 운명을 어찌한단 말인가! 나 같은 인간이 어떻게 하늘을 보고 살 수 있겠는가!"

오이디푸스는 절망에 빠져 몸부림치다가 스스로 자신의 두 눈을 찔러 버렸어요.

"왕이 될 자격도 없는 내가 백성들에게 큰 고통만

주었다. 나는 왕위를 내려놓고 테베를 떠날 것이다!"

앞을 못 보게 된 오이디푸스는 지팡이를 짚고 길을 나섰어요. 갈 곳도 없고 오라는 곳도 없었지요. 테베 사람 누구도 오이디푸스를 반기지 않았어요. 오로지 그의 맏딸 안티고네만 아버지를 보살펴 주었지요.

"얘야, 나는 혼자 갈 테니 너는 이만 왕궁으로 돌아가거라."

오이디푸스는 딸을 돌려보내고 싶었어요. 하지만 안티고네는 끝내 말을 듣지 않고 앞 못 보는 아버지의 곁을 지켰어요.

오이디푸스는 딸과 이곳저곳을 떠돌다가 아테네 왕국 근처에 있는 콜로노스 마을에서 숨을 거두었어요. 소식을 들은 아테네의 왕 테세우스는 가여운 마음에 그의 장례를 치러 주었지요.

오이디푸스가 죽고 난 뒤 테베는 크레온이 잠시 맡

아 다스리고 있었어요. 크레온은 '오이디푸스 무덤이 있는 땅에 신들의 축복이 내린다'는 신탁을 듣고, 오이디푸스의 시신을 테베로 옮겨 오려고 했어요.

하지만 오이디푸스가 죽기 전에 아테네 땅에 묻히고 싶다고 유언을 했기 때문에 결국 그는 그대로 아테네 땅에 묻혔답니다.

오르페우스와 에우리디케

오르페우스는 사랑하는 에우리디케를 위해 날마다 노래를 부르며 행복하게 살았어요. 그런데 그만 에우리디케가 독사에게 물려서 죽고 말았지요. 눈물로 밤을 지새우던 오르페우스는 중대한 결정을 내리게 되는데요. 과연 무슨 일일까요?

8 오르페우스와 에우리디케

오르페우스는 트라키아의 오이아그로스 왕과 무사이 중의 하나인 칼리오페 사이에서 태어났어요. 무사이는 제우스와 기억의 여신 므네모시네 사이에서 태어난 아홉 명의 딸로, 예술과 학문의 신들이에요.

오르페우스는 파르나소스산에서 자랐어요. 그는 어릴 때부터 어머니에게 시와 노래를, 음악의 신 아폴론에게는 리라 연주를 배웠어요. 그래서 시인이자, 훌륭한 음악가가 되었어요.

"연주를 아주 잘하는구나. 이 리라를 선물로 주마."

아폴론은 오르페우스의 연주 실력을 칭찬하며 황금 리라를 선물로 주었어요.

오르페우스는 리라 연주뿐 아니라 노래도 썩 잘했어요. 아름다운 노래를 짓기도 했지요.

오르페우스가 리라를 연주하며 노래를 부르면 듣는 이들 모두 감동하여 눈물을 흘릴 정도였어요.

"오르페우스 님의 노래를 듣고 있으면 가슴이 찌르르해."

"세상에 없는 정말 아름다운 목소리야."

오르페우스의 노랫소리가 숲속으로 퍼져 나가면 동물들이 하나둘 그에게로 모여들었어요. 나무들도 오르페우스 쪽으로 가지를 뻗었지요.

어느 날이었어요. 오르페우스가 아름다운 물의 요정 에우리디케를 보고 첫눈에 반했어요.

"에우리디케, 사랑합니다. 부디 내 아내가 되어 주세요."

에우리디케 역시 마음속으로 오르페우스를 좋아하고 있었어요. 얼마 뒤 둘은 결혼하여 아주 행복하게 살았어요.

오르페우스는 에우리디케를 위해 날마다 노래를 불러 주었어요. 두 사람의 사랑이 영원하기를 바라

는 노래였지요. 에우리디케는 남편의 노랫소리를 들으며 행복하게 잠이 들곤 했어요.

그러던 어느 날 에우리디케가 들판을 거닐다 그만 독사를 밟고 말았어요. 놀란 독사가 에우리디케의 발을 콱 물었어요. 에우리디케는 온몸에 독이 퍼져 그 자리에 쓰러졌어요.

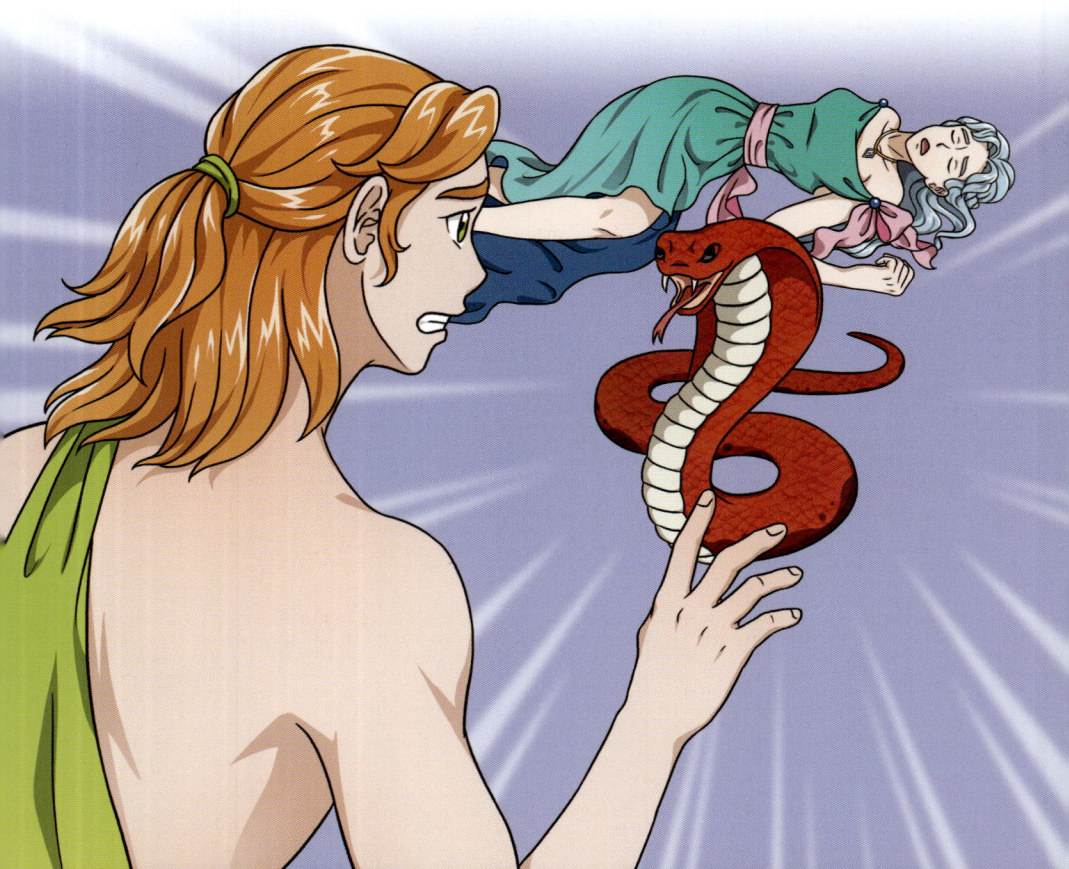

"오, 에우리디케! 죽으면 안 돼!"

오르페우스가 재빨리 달려와 에우리디케를 끌어안았어요. 하지만 에우리디케는 숨을 헐떡이다가 그만 죽고 말았어요.

"오, 내 사랑……. 에우리디케!"

오르페우스는 슬픔에 젖어 눈물을 줄줄 흘렸어요. 아무것도 하지 않은 채 하루 종일 멍하니 앉아 죽은 에우리디케만 생각했어요. 그는 에우리디케 없이 혼자 살아갈 자신이 없었어요.

"안 되겠다. 에우리디케를 찾으러 가자."

오르페우스는 에우리디케를 그리워하는 마음 하나로 지하 세계로 통하는 캄캄한 동굴로 갔어요. 쓰러지고 넘어지면서, 아래로 더 아래로 걸어 들어갔어요.

오르페우스는 마침내 스틱스강에 도착했어요. 뱃사공 카론은 오르페우스가 살아 있는 사람인 것을 알고 버럭 화를 냈어요.

"감히 여기가 어딘 줄 알고 왔느냐. 당장 돌아가. 죽은 영혼이 아니면 배를 태워 줄 수 없다!"

오르페우스는 그대로 물러설 수 없었어요. 그는 리라를 연주하며 간절한 사랑의 노래를 불렀어요. 그러자 뱃사공 카론의 마음이 스르르 녹았어요. 그는 결국 오르페우스를 배에 태워 주었어요.

강은 무사히 건넜지만 지하 세계로 가는 길목에는 머리가 세 개인 사나운 개 케르베로스가 문을 지키고 있었어요. 하지만 케르베로스도 오르페우스의 감동적인 노래를 듣고 지하 세계로 가는 문을 열어 주었어요.

오르페우스는 마침내 지하 세계의 왕 하데스의 궁전으로 들어갔어요.

"너는 누구냐?"

지하 세계의 왕 하데스가 눈을 부라리며 물었어요.

"저는 오르페우스라고 합니다. 아내를 만나고 싶어서 여기까지 왔습니다. 제발 제 아내 에우리디케와 함께 지상으로 가도록 해 주십시오."

"죽어서 이곳에 오면 다시는 돌아가지 못해!"

오르페우스는 눈물을 뚝뚝 흘리며 리라를 연주하기 시작했어요. 에우리디케를 잃고 괴로워하는 자신의 마음을 간절히 노래했지요.

그러자 무시무시한 하데스가 눈물을 글썽이며 고개를 끄덕였어요.

"오, 참으로 슬프고 아름다운 노래구나."

하데스가 마음을 바꾸어 에우리디케를 데려오라고 명령했어요.

시종들이 에우리디케를 데려오자 오르페우스는 너무 기뻐 감격의 눈물을 흘렸어요.

"하데스 님, 정말 고맙습니다. 고맙습니다!"
그때 하데스가 엄숙한 목소리로 말했어요.
"오르페우스, 에우리디케를 데려가도 좋다. 하지만 지하 세계를 벗어날 때까지 절대 아내를 돌아보면 안

된다. 만약 돌아보면 에우리디케는 지하 세계로 굴러 떨어져 영영 나갈 수 없게 된다."

"알겠습니다. 말씀대로 하겠습니다."

오르페우스는 에우리디케에게 말했어요.

"에우리디케, 내 뒤를 잘 따라오시오. 어서 밖으로 나갑시다."

오르페우스가 앞장서고, 에우리디케는 남편을 놓칠세라 숨을 헐떡이며 따라갔어요.

오르페우스는 에우리디케가 잘 따라오는지 궁금했지만 꾹 참았어요. 나가는 길은 들어올 때보다 훨씬 더 먼 것 같았어요. 아내가 잘 따라오고 있는지 돌아볼 수가 없어 더 안타까운 마음이 들었어요.

드디어 지상으로 나가는 동굴 입구에 도착했어요. 오르페우스는 밖으로 나가자마자 뒤를 돌아보며 물었어요.

"에우리디케, 잘 따라왔소? 이제 지상이오!"

하지만 에우리디케는 아직 동굴 밖으로 나오지 못한 상태였어요.

"아, 오르페우스!"

에우리디케가 순식간에 안개로 변해 지하 세계로 굴러떨어졌어요.

"안 돼! 에우리디케!"

오르페우스는 사라져 버린 아내를 소리쳐 부르며 울부짖었어요.

"아, 내가 경솔했어. 돌아보면 안 되는데……"

지하 세계로 떨어진 에우리디케는 아무리 기다려도 돌아오지 않았어요. 그 뒤 오르페우스는 에우리디케를 다시는 만날 수 없었어요.

오르페우스는 깊은 슬픔에 빠져 아무것도 하지 않았어요. 더 이상 리라 연주도, 노래도 하고 싶지 않았어요.

"오르페우스 님, 우리와 즐겁게 놀아요."

디오니소스 축제에 모인 여인들이 오르페우스에게 다가와 상냥하게 말했어요. 하지만 오르페우스는 그들에게 눈길 한 번 주지 않았어요. 날마다 에우리디케를 생각하며 한숨만 지었지요.

그를 좋아하는 여인들이 찾아와도 오르페우스는 꼼짝도 하지 않았어요. 그러자 화가 난 여인들이 말했어요.

"흥, 건방진 녀석이 우리를 무시하네!"

여인들은 오르페우스에게 마구 돌멩이를 집어 던졌어요. 아무 대항도 하지 않고 돌멩이를 맞은 오르페우스는 그만 그 자리에서 숨을 거두고 말았어요.

"오, 가여운 내 아들! 지하 세계로 가거든 부디 에우리디케를 다시 만나 행복하게 살아라."

어머니 칼리오페는 오르페우스를 땅에 묻고 장례를 치러 주었어요.

"참으로 슬픈 사랑 이야기구나."

제우스는 오르페우스의 죽음을 안타까워했어요. 그래서 그가 가지고 다니던 황금 리라를 아름다운 별자리로 만들어 주었어요. 이 별자리가 바로 '거문고자리'랍니다.

아탈란타 공주와 황금 사과

사냥 솜씨가 뛰어난 아탈란타는 칼리돈 왕국에서 열리는 사냥 대회에 참가했어요. 그곳에서 만난 멜레아그로스는 함께 잡은 멧돼지의 가죽을 아탈란타에게 주려고 했지요. 이에 그의 외삼촌들이 불만을 품고 큰 싸움으로 번지는데…….

9 아탈란타 공주와 황금 사과

"응애응애."

보이오티아 지방의 오르코메노스 왕궁에서 갓난아이의 울음소리가 들렸어요. 스코이네우스 왕의 딸이 태어난 거예요.

하지만 왕은 조금도 기쁘지 않았어요.

"난 딸이 싫다! 당장 이 아이를 산에 버려라!"

신하들은 왕의 명령대로 아이를 산에 버릴 수밖에 없었어요.

그런데 이게 웬일인가요!

버려진 아이가 혼자 앙앙 울어 대자, 갑자기 숲에서 암곰이 나타나 아이를 안아 주었어요. 곰은 아이에게 젖을 먹이며 정성껏 키웠어요.
　그 뒤로 몇 년이 흘렀어요.
　하루는 한 사냥꾼이 숲에서 혼자 있는 여자아이를 발견하고는 자기 집으로 데려갔어요.
　"이 아이는 신이 주신 선물이야. 내가 잘 키워야겠다."

사냥꾼은 그 아이에게 '아탈란타'라는 이름을 지어 주었어요.
　세월이 흘러 아탈란타는 어느덧 아름다운 여인으로 자랐어요. 성격이 활달한 아탈란타는 사냥을 아주 좋아했어요. 날마다 금빛 머리카락을 휘날리며 숲과 들판을 이곳저곳 뛰어다녔지요. 사냥 솜씨도 어찌나 좋은지 남자들과 대결해도 지는 법이 없었어요.

그러던 어느 날, 반가운 소식이 전해졌어요.

"칼리돈 왕국에서 사냥 대회가 열린다네요!"

사냥 대회에 나가 자신의 실력을 뽐내고 싶었던 아탈란타는 곧장 칼리돈 왕국으로 향했어요.

칼리돈 왕국의 사냥 대회는 황소만 한 멧돼지를 잡는 대회였어요. 어디선가 갑자기 나타난 멧돼지가 사람들을 마구 해치자 칼리돈 왕국의 왕자 멜레아그로스가 사냥 대회를 연 것이에요.

사냥 대회에는 수많은 영웅들이 참가했어요. 아탈란타도 당당히 영웅들과 함께 대회에 나갔어요.

'어? 저 여자는 누구지?'

멜레아그로스는 아름다운 아탈란타를 보고 마음이 끌렸어요.

하지만 아탈란타의 눈에는 오직 멧돼지만 보였어요. 멧돼지를 쫓아 이리저리 숲속을 헤매고 다녔지요.

아탈란타는 멧돼지가 나타나자 바람처럼 달려가 화살을 쏘았어요. 화살은 정확히 멧돼지의 귀밑에 맞았어요. 멧돼지는 죽지 않고 씩씩거리며 숨을 거칠게 몰아쉬었어요. 그 순간 멜레아그로스가 멧돼지 옆구리에 창을 꽂았어요.

"꿰엑!"

멧돼지는 비명을 지르며 쓰러져 숨을 거두었어요.

"이 멧돼지는 당신이 잡은 것이나 마찬가지요."

멜레아그로스는 멧돼지 가죽을 벗겨 아탈란타에게 주었어요.

"왜 그 여자에게 멧돼지 가죽을 주는 거냐?"

갑자기 멜레아그로스의 외삼촌들이 나타나 가죽을 낚아챘어요.

"왜 그러세요? 이건 아탈란타 것이에요!"

"절대 안 된다!"

"왜 안 된다는 겁니까!"

멜레아그로스는 외삼촌들과 심한 말싸움을 했어요. 외삼촌들이 참지 못하고 칼을 빼 들자 큰 싸움이 벌어졌어요. 젊고 칼 솜씨까지 뛰어난 멜레아그로스는 결국 두 외삼촌을 죽이고 말았어요.

동생들이 죽었다는 소식을 들은 멜레아그로스의 어머니 알타이아는 큰 충격을 받았어요.

"세상에…… 내 아들이 내 동생들을 죽이다니!"

알타이아는 아무리 아들이지만 동생들을 죽인 멜레아그로스를 도저히 용서할 수 없었어요. 알타이아는 벽장 속에 감춰 두었던 장작개비를 꺼냈어요.

그 장작개비는 아들의 목숨과 깊은 관련이 있었어요. 아들이 태어났을 때 운명의 여신이 화로를 가리키며 이렇게 말했거든요.

"화로 안에서 타고 있는 저 장작개비가 보이느냐? 저 장작개비가 다 타고 없어지면 멜레아그로스의 목숨도 끝날 것이다."

깜짝 놀란 알타이아는 타고 있는 장작개비

를 얼른 꺼내 불을 끈 다음 벽장 속에 감춰 두었어요. 그러니까 그 장작개비는 멜레아그로스의 생명과 마찬가지였지요.

알타이아는 눈물을 글썽거리며 장작개비를 화로 안에 던져 넣었어요.

"운명의 여신이여! 제 아들이 지하 세계에 가서라도 두 외삼촌에게 용서받게 해 주십시오!"

장작개비가 활활 타올라 재가 되자 괴로워하던 알타이아는 스스로 목숨을 끊고 말았어요.

장작개비가 재로 변해 버리자 멀쩡히 숲에 서 있던 멜레아그로스도 그 자리에 푹 쓰러졌어요.

"으으윽, 내가 왜 이러지? 헉!"

멜레아그로스는 가슴을 움켜쥔 채 신음하다가 숨을 거뒀어요.

그 모습을 지켜보던 아탈란타는 가슴이 아팠어요.

사실은 아탈란타도 마음속으로 멜레아그로스를 좋아하고 있었거든요.

한편 아탈란타는 사냥 대회 덕분에 이름이 널리 알려졌어요. 오르코메노스 왕국의 스코이네우스 왕과 왕비는 소문을 듣고 아탈란타가 자신들의 딸일 거라고 생각했어요.

"여봐라, 당장 아탈란타를 궁으로 데려오라!"

아탈란타가 궁으로 들어서자, 왕과 왕비가 눈물을 흘리며 말했어요.

"애야, 부디 우리를 용서해 다오."

아탈란타도 부모님을 끌어안고 눈물을 흘렸어요.

왕과 왕비는 아탈란타가 얼른 결혼하기를 바랐어요. 하지만 아탈란타는 결혼할 마음이 없었어요. 예전에 이런 신탁을 받았기 때문이에요.

"너는 결혼을 하면 사람으로 살 수 없다. 그러나 결혼을 하게 되리라."

신탁의 말이 영 찜찜해 결혼을 하고 싶지 않았던 거예요. 하지만 아름다운 아탈란타와 결혼하고 싶어 하는 젊은이들은 아주 많았어요. 너도나도 궁으로 몰려와 아탈란타에게 청혼을 했지요.

왕과 왕비도 날마다 재촉했어요.

"네가 결혼만 하면 너와 네 남편에게 이 나라를 물려주겠다. 그러니 제발 결혼만 해 다오."

견디다 못한 아탈란타가 꾀를 냈어요.

"좋아요, 할게요! 단, 저랑 달리기를 해서 이기는 사람과 결혼하겠어요. 하지만 달리기를 해서 지면 그 사람은 목숨을 내놓아야 해요."

무서운 조건이 달렸지만 수많은 청년들이 아탈란타와 달리기 시합을 하자고 신청했어요. 하지만 아무도 바람처럼 빠른 아탈란타를 이기지 못했어요. 달리기 시합에서 진 청년들은 안타깝게도 모두 죽고 말았어요.

하루는 아르카디아 왕국의 왕자 히포메네스가 아탈란타에게 달리기 시합을 청했어요. 아탈란타는 잘생긴 히포메네스의 모습에 마음이 흔들렸어요.

'저렇게 멋진 히포메네스도 결국 죽겠구나.'

하지만 히포메네스는 누구보다 자신감이 넘쳤어요. 그는 시합을 하기 전에 아프로디테 여신에게 간절히 기도했어요.

"아프로디테 님, 부디 제 사랑이 이루어지도록 도와주십시오!"

아프로디테는 히포메네스가 아탈란타의 짝으로 모

자람이 없다고 생각했어요. 그래서 히포메네스에게 황금 사과 세 개를 주며 말했어요.

"이 황금 사과를 들고 달리기를 하라."

드디어 달리기 시합 날이 되었어요. 신호가 떨어지기 무섭게 아탈란타가 재빨리 앞으로 달려 나갔어요. 히포메네스도 있는 힘껏 달렸지요. 하지만 아탈란타가 어찌나 빠른지 두 사람의 거리는 점점 벌어졌어요.

이때 히포메네스가 황금 사과 하나를 던졌어요.

"앗, 저건 황금 사과잖아?"

아탈란타가 잠시 멈춰 서더니 황금 사과를 집어 들었어요. 그 사이에 히포메네스가 쌩하고 앞서 나갔어요.

하지만 아탈란타는 역시 빨랐어요. 금세 따라와 또 히포메네스를 앞지르고 말았어요.

히포메네스는 두 번째 황금 사과를 던져 다시 앞서 나갔어요. 그러나 또 아탈란타가 재빨리 따라와 앞서 나가자, 마지막 세 번째 황금 사과도 던졌어요.
  아탈란타가 다시 황금 사과를 줍느라고 주춤하는 사이에 히포메네스가 먼저 결승선을 통과했어요.

"와! 히포메네스가 이겼다!"

히포메네스를 응원하던 사람들이 환호성을 지르며 기뻐했어요.

아탈란타는 약속한 대로 히포메네스와 결혼식을 올렸어요. 사실 아탈란타도 히포메네스가 싫지 않아서 두 사람은 아주 행복하게 살았어요. 날마다 사냥을 다니며 신혼의 단꿈을 꾸었지요.

그런데 이게 웬일인가요. 히포메네스는 그만 아프로디테 여신에게 감사의 인사를 드리는 걸 깜빡 잊었어요. 그 바람에 아프로디테는 단단히 화가 났어요.

"히포메네스는 은혜를 갚을 줄 모르는 못된 녀석이로구나!"

아프로디테는 히포메네스를 수사자로 변하게 했어요. 이어서 아탈란타는 암사자로 변하게 했지요.

암사자로 변한 아탈란타는 그제야 신탁을 다시 떠

올렸어요.

"너는 결혼을 하면 사람으로 살 수 없다. 그러나 결혼을 하게 되리라."

마침내 오래전에 들었던 신탁이 그대로 이루어진 거예요.

비록 사자로 변하기는 했지만 히포메네스와 아탈란타는 계속 부부로 살았어요. 그러자 사냥꾼들도 두 사자를 알아보고 해치지 않았어요. 사자 부부는 오랫동안 숲과 들판을 오가며 행복하게 살았답니다.

아프로디테와 아도니스

페르세포네와 아프로디테는 사랑스러운 아도니스를 서로 데려 가겠다고 싸움을 벌였어요. 두 신은 다툼 끝에 제우스가 내린 판결에 따르기로 하지요. 하지만 아프로디테와 아도니스가 약속을 어기는 바람에 그들에게 불행한 일이 닥치는데…….

10 아프로디테와 아도니스

 키프로스 왕국의 공주인 미르라는 눈이 부시게 아름다웠어요.
 "내가 아프로디테 여신보다 더 아름다워!"
 미르라는 걸핏하면 이렇게 말했어요. 또 아프로디테 축제에도 가지 않았지요.
 아프로디테는 몹시 화가 났어요.
 "나를 무시하는 것도 모자라 감히 나와 비교를 하다니! 건방지군."
 결국 아프로디테는 미르라에게 저주를 내렸어요.

아프로디테의 저주는 금세 효력이 나타났어요. 미르라는 궁전의 으슥한 곳에서 낯선 남자와 몰래 만났어요. 그 바람에 결혼을 하기 전에 아기를 가졌어요.

이 사실을 알게 된 아버지 키니라스 왕은 딸을 궁전에서 쫓아냈어요.

미르라는 이리저리 거리를 떠돌다 지쳐 쓰러졌어요. 그제야 미르라는 아프로디테 여신에게 진심을 다해 용서를 빌었어요.

"부디 저를 용서해 주세요. 저는 죽어도 좋지만 배 속에 있는 이 아기는 제발 살려 주세요."

아프로디테는 불쌍한 마음이 들어 미르라를 몰약나무로 만들었어요. 그런데 몇 달 뒤 이상한 일이 벌어졌어요. 몰약나무 밑동이 쫙 갈라지면서 그 안에서 남자아이가 태어난 거예요. 이 아이가 바로 아도니스랍니다.

"정말 귀엽게 생긴 아기네."
아프로디테는 아도니스를 지하 세계의 왕비 페르세포네에게 맡겼어요.
"아프로디테 님, 걱정 마세요. 제가 잘 키울게요."

페르세포네는 아도니스를 자기 아들처럼 정성껏 잘 키웠어요.

세월이 흘러 아도니스는 아주 잘생긴 청년으로 자랐어요. 어찌나 잘생겼는지 누구라도 한 번 보면 잊지 못할 정도였지요.

어느 날 아프로디테가 지하 세계로 내려가 페르세포네에게 말했어요.

"이제 아도니스를 데려가겠습니다."

아도니스를 아들처럼 키운 페르세포네는 단호한 목소리로 말했어요.

"그럴 수는 없어요. 아도니스는 저와 함께 살아야 합니다."

아프로디테는 말도 안 된다며 버럭 화를 냈어요. 페르세포네도 자신의 뜻을 굽히지 않았지요.

두 여신이 계속 말씨름을 하자 제우스가 나서서 중

재를 했어요.

"일 년은 열두 달이다. 그러니 네 달은 지하 세계에서 살고, 네 달은 땅 위에서 아프로디테와 살도록 해라. 이제 아도니스도 다 큰 청년이니 나머지 네 달은 그의 뜻대로 하게 하라."

아프로디테와 페르세포네는 제우스의 말에 따르기로 했어요.

아도니스는 처음 네 달 동안 지하 세계에서 살았어요. 아도니스가 지하에 있는 동안 땅 위는 겨울이 계속되었어요.

아프로디테는 어서 겨울이 지나 아도니스를 만날 수 있기를 손꼽아 기다렸어요.

마침내 따뜻한 봄날이 되었어요. 아프로디테는 백조가 이끄는 마차를 타고 지하 세계의 입구로 날아갔어요.

얼마 지나지 않아 아도니스가 지하 세계에서 나왔어요.

"오, 아도니스!"

눈부시게 아름다운 청년 아도니스를 본 순간 아프로디테는 사랑을 느꼈어요. 신들은 늙지 않기 때문에 아프로디테도 아도니스처럼 젊은 모습이었지요. 아도니스도 여신 가운데 가장 아름다운 아프로디테를 보고 마음이 끌렸어요.

"네가 오기를 손꼽아 기다리고 있었다."

아프로디테는 아도니스의 뺨에 살짝 입을 맞추고 안아 주었어요.

아프로디테와 아도니스는 주로 숲에서 즐거운 시간을 보냈어요. 아도니스가 사냥을 좋아해서 날마다 숲에서 지내게 된 거예요.

둘이 어찌나 행복한 시간을 보냈는지 아도니스는 네 달이 지난 뒤에도 계속 아프로디테와 지내고 싶었어요.

"고맙구나, 아도니스!"

아프로디테는 네 달이나 더 아도니스와 함께 지낼 수 있다는 생각에 너무도 기뻤어요.

둘은 꿈처럼 행복한 나날을 보냈어요.

그러던 어느 날, 아프로디테가 올림포스에 다녀올

일이 생겼어요. 그런데 아도니스를 혼자 두고 가려니 왠지 불길한 생각이 들었어요. 아도니스한테 무슨 일이 생길까 봐 걱정이 된 거예요.

"아도니스, 오늘은 사냥을 하더라도 사나운 짐승은 피해야 한다. 늘 조심해야 해!"

아프로디테는 몇 번이나 몸조심할 것을 당부하고, 올림포스를 향해 길을 떠났어요.

혼자 남은 아도니스는 사냥개들을 데리고 숲으로 들어갔어요. 그는 크고 사나운 짐승을 잡아 아프로디테에게 자신의 용기와 사냥 솜씨를 보여 주고 싶었어요.

바로 그때, 커다란 멧돼지가 나타났어요.

"좋았어!"

아도니스는 멧돼지를 향해 내달리며 창을 던졌어요. 창은 정확히 멧돼지의 옆구리에 꽂혔고 곧이어

쿵, 하는 소리가 들렸어요.

"잡았다!"

아도니스는 쓰러진 멧돼지를 보고 환호성을 질렀어요. 그런데 죽은 줄 알았던 멧돼지가 벌떡 일어나 날카로운 엄니로 아도니스를 들이받았어요. 아도니스는 저만큼 날아가 그대로 땅에 나동그라졌어요.

아도니스는 신음 소리를 내며 천천히 죽어 갔어요. 그가 흘린 피가 땅을 붉게 적시고 있었어요.

아프로디테는 올림포스로 가다가 이상한 느낌이 들었어요.

"아도니스한테 안 좋은 일이 생긴 게 분명해!"

아프로디테는 급히 마차를 돌려 땅으로 내려왔어요.

"아, 아도니스! 눈 좀 떠 봐."

아프로디테는 피를 흘리며 쓰러져 있는 아도니스를 안아 올렸어요. 하지만 그는 이미 숨을 거둔 뒤였지요.

"널 이렇게 그냥 보낼 수는 없어."

아프로디테는 눈물을 흘리며 땅에 배어 있는 아도니스의 피를 손으로 쓸었어요. 그러자 땅에서 아름다운 붉은 꽃이 피어났어요.

이 꽃이 바로 '아네모네'예요. 아네모네는 무척 아름다운 꽃이지만 바람이 살짝만 불어도 꽃잎이 떨어져서 '바람꽃'이라고 불리기도 해요. 아도니스를 닮은 꽃이지요.

사람들은 아네모네가 필 때쯤 아프로디테와 아도니스의 안타까운 사랑 이야기를 기억하며 해마다 제사를 지냈답니다.

물총새로 다시 태어난 왕과 왕비

케익스와 알키오네는 사이좋은 부부예요. 그런데 주변에 좋지 않은 일이 계속되자, 케익스가 신탁을 듣기 위해 먼 바닷길을 떠났어요. 하지만 케익스는 돌아오지 못하고, 어느 날 알키오네의 꿈에 나타났어요. 도대체 무슨 일이 있었던 것일까요?

11 물총새로 다시 태어난 왕과 왕비

트라키아의 왕 케익스는 왕비 알키오네와 사이가 아주 좋았어요.

백성들도 사이가 좋은 왕과 왕비를 좋아했어요.

"케익스 왕은 제우스보다 낫고, 알키오네 왕비는 헤라 여신보다 낫다네."

"그렇고말고. 두 분 다 신의 자손이 아닌가."

케익스 왕은 샛별의 신 에오스포로스의 아들이고, 알키오네 왕비는 바람의 신 아이올로스의 딸이었어요.

한편 제우스는 케익스와 알키오네가 자신과 헤라보다 낫다는 소문을 듣고 기분이 몹시 상했어요.

"신들의 왕인 나보다 인간이 낫다고? 감히……."

그 뒤로 케익스 왕 주변에는 나쁜 일이 줄줄이 일어났어요.

케익스의 조카인 키오네는 아르테미스의 화살에 맞아 목숨을 잃었어요. 케익스의 형인 다이달리온은 딸을 잃고 산에서 스스로 목숨을 끊었지요.

그뿐이 아니에요. 케익스의 친구 펠레우스는 소 떼를 몰고 케익스를 찾아왔는데 그만 소 떼가 모두 끔찍하게 죽고 말았어요. 연이어 나쁜 일이 생기자 케익스는 클라로스 신탁소에 가서 신탁을 들어 보기로 했어요. 클라로스는 바다 건너에 있어 배를 타고 가야 했지요.

그러자 알키오네가 케익스를 말렸어요.

"바닷길은 너무 위험해요. 가지 마세요. 꼭 가려거든 저도 데려가세요."

"튼튼한 배가 있으니 걱정 마시오."

케익스는 바닷가로 나갔어요. 알키오네와 헤어지기는 싫었지만 그렇다고 험한 뱃길에 아내를 데리고 갈 수는 없었어요.

"두 달 안에 돌아올 테니 기다려 주시오."

케익스와 그의 부하들이 탄 배는 드넓은 바다를 향해 나아갔어요. 바다를 반쯤 건넜을 때까지는 아무 일도 없었어요.

그런데 어느 순간 바람이 강하게 불면서 잠잠하던 파도가 요동치기 시작했어요. 물이 들어와 배는

위태롭게 기우뚱거렸고, 돛은 갈가리 찢어졌어요.

"어서 물을 퍼내라!"

바람이 더욱 세차게 불자, 선원들이 몸을 가누지 못하고 갑판 위를 이리저리 나뒹굴었어요.

이윽고 산더미같이 거대한 파도가 배를 덮쳤어요. 배는 순식간에 부서지고 말았어요.

"으아악!"

케익스는 부서진 나무 조각 하나를 겨우 붙들었어요. 부하들은 어디로 휩쓸려 갔는지 보이지도 않았어요. 케익스는 이제 나무 조각을 붙들고 있을 힘조차 없었어요.

순간 케익스는 알키오네를 떠올렸어요.

"사랑하는 아내여, 먼저 가는 나를 용서해 주오!"

말을 마치자마자 큰 파도가 케익스의 몸을 집어삼켜 버렸고, 그는 흔적도 없이 사라졌어요.

거센 파도를 일으킨 것은 제우스였어요. 자신과 비교되는 케익스에게 벌을 내린 거예요.

한편 혼자 남은 알키오네는 날마다 헤라 신전에 찾아가 기도를 올렸어요.

"세 달이 지나도록 남편이 돌아오지 않습니다. 헤라 님, 부디 제 남편이 무사히 돌아오게 해 주세요."

알키오네는 남편 걱정에 잠도 잘 수 없었어요.

기도를 들은 헤라 여신은 알키오네의 진심을 알고 안타까워했어요. 그래서 잠의 신 히프노스에게 전령을 보내, 알키오네에게 남편의 소식이라도 전해 주라고 했어요.

히프노스는 아들 모르페우스를 불렀어요. 모르페우스는 꿈의 신이에요.

"내가 알키오네를 잠들게 할 테니 네가 가서 남편 소식을 전해 주어라."

변신 능력이 뛰어난 모르페우스는 곧장 트라키아 왕궁으로 찾아갔어요.

왕궁에 도착한 모르페우스는 알키오네의 침실로 들어가기 전에 케익스의 모습으로 변신했어요. 죽기 직전 물에 빠져 흠뻑 젖은 창백한 모습이었어요.

"알키오네, 내가 왔소."

그가 침실로 들어가 알키오네에게 말했어요.

"오, 살아 계셨군요!"

알키오네가 침대에서 벌떡 일어나 외쳤어요.

"아니요, 난 폭풍우를 만나 바다에서 죽었소. 내가 죽었다는 걸 알리러 온 거요."

알키오네는 눈물을 흘리며 울부짖었어요.

"그럴 리 없어요. 당신은 죽지 않았어요. 이렇게 살아 있잖아요."

"미안하오. 날 잊고 부디 행복하게 사시오. 나중에 영혼이 되어 다시 만납시다. 나는 당신을 영원히 사랑하오."

케익스는 그 말을 남기고 연기처럼 사라졌어요.

그 순간 알키오네는 잠에서 깨어났어요. 주변을 둘러보았지만 아무도 없었어요. 그런데 케익스가 서 있던 자리가 흥건히 젖어 있었어요.

'남편의 영혼이 날 찾아온 거야.'

다음 날 알키오네는 남편이 배를 타고 떠났던 그 바닷가로 나갔어요.

바닷가 모래밭을 이리저리 헤매고 있는데 저쪽에서 무언가 둥둥 떠밀려 왔어요.

그건 남편의 주검이었어요. 알키오네가 꿈속에서 본 모습과 똑같았지요.

"케익스, 비록 죽은 몸이지만 돌아왔군요."

알키오네는 남편을 끌어안고 참았던 울음을 터뜨렸어요.

"이제 저도 당신 곁으로 가고 싶어요."

알키오네는 바닷가 절벽 위로 올라가 먼바다를 물끄러미 바라보았어요.

그녀는 바다로 몸을 날렸어요. 그런데 추락하던 그녀의 몸이 갑자기 한 마리 새로 변해 날아올랐어요. 그 새는 물총새였어요.

죽은 케익스의 돔도 물총새로 변해 하늘 높이 날아올랐어요.
헤라 여신이 둘을 가엾게 여겨 물총새로 다시 맺어 준 거예요.
"물총새 부부로 행복하게 살아라."
물총새가 된 케익스와 알키오네 부부는 바닷가를 날아다니며 오래도록 행복하게 살았답니다.

그리스 로마 신화를 읽는 이유

　그리스 로마 신화에는 신과 영웅, 요정 등 다양하고 신비한 인물이 많이 등장해요. 아름답거나 신기한 이야기부터 무섭고 놀라운 이야기까지 이야기의 종류도 매우 다양하지요. 그런데 우리는 그리스 로마 신화를 왜 읽어야 할까요? 그리스 사람도 아니고 로마 사람도 아닌데 말이지요.

　그리스 로마 신화는 고대 그리스에서 만들어지기 시작해 로마 제국으로 이어지는 신화예요. 그리스 신화를 받아들인 로마 사람들이 신들의 이름과 내용을 바꾸기도 했지만, 중심은 어디까지나 그리스 신화예요. 하지만 서양 역사에서 로마가 중요한 자리를 차지하고 있기 때문에 '그리스 로마 신화'라는 이름이 붙게 되었지요.

　우리가 그리스나 로마 사람도 아닌데 그리스 로마 신화를 읽어야 하는 이유는 신화에 등장하는 이야기가 지금까지도 생생

하게 살아 있기 때문이에요. 언어와 문학, 역사, 철학 같은 학문을 인문학이라고 하는데, 그리스 로마 신화는 이 모든 학문에 깊이 스며들어 있어요.

그리스 로마 신화를 소재로 한 소설과 그림, 조각품도 셀 수 없이 많아요. 철학이나 심리학에서 쓰는 용어 가운데 그리스 로마 신화에 나오는 인물에서 따온 것도 있지요.

여러분도 한 번쯤 들어 봤을 '판도라의 상자'나 '미다스의 손' 등도 모두 그리스 로마 신화에서 나왔어요. 스포츠용품 회사인 나이키는 승리의 여신인 니케의 영어식 이름이고, 커피 회사인 스타벅스의 로고는 바다의 요정 세이렌이랍니다.

거문고자리, 오리온자리, 사자자리 같은 별자리 이름도 그리스 로마 신화 속에 나오는 이야기에서 생겨났어요. 이렇게 그리스 로마 신화를 읽어야 서양 문화와 역사의 뿌리를 알 수 있어요. 그리스 로마 신화가 그만큼 인류 역사와 학문, 예술에 큰 영향을 끼쳤기 때문이지요. 그래서 우리가 현대를 살면서도 계속 그리스 로마 신화를 읽는 것이랍니다.

신화 박물관

다프네와 월계수

다프네라는 이름에는 '월계수'라는 뜻이 있어요. 에로스가 쏜 화살을 맞은 아폴론은 다프네를 사랑하게 되지만, 다프네는 아폴론의 사랑을 거부해요. 다프네는 아폴론의 손에 잡히려는 순간, 아버지인 강의 신에게 부탁해서 월계수로 변했어요. 그 후 아폴론은 다프네를 기억하며 월계수를 자신의 상징으로 여겼지요. 옛날에는 올림픽에서 우승한 사람에게 월계수 잎으로 만든 월계관을 씌워 주었어요.

〈아폴론과 다프네〉, 잔 로렌초 베르니니

〈아폴론과 다프네〉, 피에로 델 폴라이우올로

프시케와 나비

프시케는 사랑의 신 에로스의 연인이에요. 프시케라는 이름은 그리스어로 '나비' 또는 '영혼'이라는 뜻이 있어요. 그래서 그림이나 조각상 등 많은 예술 작품에서 프시케는 나비 날개를 단 모습으로 등장해요.

〈프시케의 납치〉 윌리앙 아돌프 부그로

피그말리온 효과

〈피그말리온과 갈라테이아〉, 장 레옹 제롬

피그말리온은 아름다운 여인상을 조각하고 갈라테이아라고 이름을 지었어요. 그는 살아 있는 이 세상 어떤 여자들보다 갈라테이아가 더 아름답다고 생각하며 진심으로 사랑했어요. 아프로디테는 피그말리온의 사랑에 감동하여 갈라테이아에게 생명을 주었어요. 이처럼 간절히 원하면 불가능한 일도 이루어지는 경우를 피그말리온 효과라고 해요.

미다스의 손

'미다스의 손'은 그리스 로마 신화에 나오는 미다스 왕의 일화에서 유래되었어요. 디오니소스는 미다스 왕이 자신의 스승을 잘 대접해 주어 고마운 마음에 소원 한 가지를 들어주기로 해요. 금을 좋아하는 미다스 왕은 손으로 만지는 것 모두 금으로 변하게 해 달라고 부탁했어요.

이 이야기에서 유래된 '미다스의 손'은 손대는 일마다 성공을 거두거나 돈을 많이 버는 능력자를 의미해요. 그러나 미다스 왕의 이야기는 부자로 성공하는 것보다 더 중요한 것이 있음을 일깨워 주지요.

〈미다스 왕과 디오니소스〉, 니콜라 푸생

신화 속 수선화

세상에는 수선화, 아네모네, 히아신스 등 그리스 로마 신화에서 유래되어 이름 지어진 예쁜 꽃들이 많이 있어요.

'수선화'는 이름에서도 알 수 있듯이 물과 관련이 있어요. 나르키소스는 물에 비친 자신의 얼굴을 보고 자기 자신과 사랑에 빠져 하루 종일 물속만 바라보다가 세상을 떠났어요.

〈나르키소스〉, 미켈란젤로 메리시 다 카라바조

그가 떠나고 난 자리에는 봄마다 수선화가 피어났어요. 수선화의 꽃말은 '자기에 대한 사랑'이에요.

〈에코와 나르키소스〉, 니콜라 푸생

신화 속 아네모네

붉은색을 띤 아름다운 꽃, '아네모네'에는 아도니스 이야기가 담겨 있어요. 아도니스는 아프로디테의 말을 듣지 않고 사냥을 나갔다가 멧돼지에게 공격을 받아 죽고 말았어요. 아프로디테는 아도니스의 피를 손으로 쓸어 모았는데, 그 자리에 아네모네가 피어났어요. 아네모네의 꽃말은 '허무한 사랑, 기다림, 고독'이에요.

〈아프로디테와 아도니스〉, 티치아노 베첼리오

신화 속 별자리 이야기

밤하늘에는 수많은 별들이 반짝반짝 빛나요. 별자리에는 아름답고 슬픈 이야기가 깃들어 있기도 해요. 부모와 자식 사이의 사랑, 연인들의 사랑 등 감동적인 이야기가 많지요.

그중에 '거문고자리'는 뛰어난 음악가 오르페우스와 관련이 있어요. 오르페우스에게는 에우리디케라는 아름다운 아내가 있었어요. 그런데 그만 에우리디케가 뱀에 물려 죽고 말았어요. 슬픔에 빠진 오르페우스는 그녀를 찾아 지하 세계로 갑니다.

오르페우스의 사랑에 감동한 하데스는 에우리디케를 데려가도 좋다고 허락했지만, 밖으로 나갈 때까지 뒤를 돌아보지 말라고 했어요. 그러나 오르페우스가 뒤를 돌아보는 바람에 둘은 영영 헤어지고 말았지요.

훗날 오르페우스가 죽자, 제우스는 이를 안타깝게 여겨 그가 들고 다니던 리라를 하늘에 올려 사람들이 영원히 그의 음악을 기억하게 했어요. 이 별자리가 바로 거문고자리예요.

거문고자리

신화 퀴즈

🏺 그림 연결하기

누구와 관련된 그림인지 선으로 연결해 보세요.

❶ 　❷ 　❸ 　❹

㉠ 　㉡ 　㉢ 　㉣

에로스　오르페우스　다프네　나르키소스

🏺 OX 퀴즈

❶ 에로스는 아폴론에게 금 화살을 쏘았어요.　O X

❷ 아도니스가 죽자 히아신스라는 꽃이 피었어요. 　O X

❸ 피그말리온은 에로스에게 소원을 빌었어요. 　O X

❹ 미다스 왕이 딸의 손을 잡자 딸이 황금으로 변했어요. 　O X

❺ 오이디푸스 왕은 끔찍한 신탁대로 아버지를 해쳤어요. 　O X

🏺 신들의 이름

그림과 초성을 보고 이름을 써 보세요.

 ❶ 사랑의 신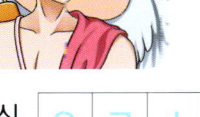

 ❷ 태양과 음악의 신

 ❸ 결혼의 여신

 ❹ 사랑과 아름다움의 여신

ㅇ	ㅍ	ㄹ	ㄷ	ㅌ

🏺 간단 퀴즈

빈칸에 들어갈 알맞은 말을 써 보세요.

❶ 아도니스가 지하에 있을 때 땅 위의 계절은 (　　　)이었어요.

❷ 오이디푸스는 얼굴은 여자이고 몸은 사자인데 날개가 달린 괴물 (　　　　)가 낸 수수께끼를 풀었어요.

상상하기

여러분이 미다스 왕이라면 디오니소스에게 어떤 소원을 말했을지 상상해서 써 보세요.

신들의 이름

그리스식	로마식	영어식	별칭
제우스	유피테르	주피터	최고의 신
헤라	유노	주노	결혼과 가정의 여신
포세이돈	넵투누스	넵튠	바다의 신
데메테르	케레스	세레스	곡식과 농사의 여신
아프로디테	베누스	비너스	사랑과 아름다움의 여신
아테나	미네르바	미네르바	지혜와 전쟁의 여신
아폴론	아폴로	아폴로	태양·음악·예언의 신
아르테미스	디아나	다이애나	사냥과 달의 여신
헤파이스토스	불카누스	벌컨	불과 대장장이의 신
아레스	마르스	마스	전쟁의 신
헤르메스	메르쿠리우스	머큐리	전령과 상업의 신
디오니소스	바쿠스	바커스	술과 축제의 신
헤스티아	베스타	베스타	불과 화로의 여신
하데스	플루톤	플루토	저승의 신
에로스	큐피드	큐피드	사랑의 신
니케	빅토리아	나이키	승리의 여신
가이아	텔루스	어스	대지의 여신
우라노스	카일루스	유러너스	하늘의 신
크로노스	사투르누스	새턴	시간의 신

신들의 계보

신들의 탄생

```
                           카오스
         ┌──────────┬──────────┬──────────┐
       가이아    타르타로스   에레보스    닉스
   ┌─────┬─────┬─────┐
  오레  폰토스  우라노스
   │              │
 에리니에스        │
 기간테스         │
 아프로디테★      │
   │          ┌───┴────┐
  에로스─프시케  키클롭스  헤카톤케이레스
                    
                   티탄
         크로노스, 레아, 오케아노스, 테티스,
         코이오스, 포이베, 히페리온, 테이아, 테미스,
         므네모시네, 이아페토스, 크레이오스

              이아페토스─클리메네
         ┌──────┬──────┬──────┐
       아틀라스  메노이티오스  프로메테우스  에피메테우스
```

★ 올림포스 열두 신

아도니스
출발!

나르키소스
출발!

장미

수선화

글 양태석
서울예술대학에서 문학을 공부했고, 1991년 월간 〈문학정신〉에 단편소설이 당선되었습니다. 잡지사와 출판사에서 일했고, 지금은 소설과 동화를 쓰고 있습니다. 쓴 책으로는 소설집 《다락방》과 동화집 《아빠의 수첩》, 《사랑의 힘 운동본부》, 《책으로 집을 지은 악어》 등 30여 권이 있습니다.

그림 김미나
매거진, 영상용 삽화, 패키지용 일러스트, 포스터 등 다양한 분야에서 활동 중입니다. 참여 프로젝트로는 미미월드 제품용 일러스트, 교원 아동교육 영상용 삽화, 굿네이버스 교육용 삽화, 《매거진숲》 표지 일러스트 등이 있습니다.
홈페이지: www.minakillustration.com

표지 그림 조성경
일러스트레이션을 전공했으며 캐릭터 디자인, 웹툰, 이모티콘 등 다양한 분야에서 활동 중입니다. 주요 작품으로는 카카오톡 이모티콘 '판다! 두부의 생활 일기', '스마일 재스민'이 있으며, 그린 책으로는 「내가 만드는 팝업북」 시리즈, 「미니미니 만들기」 시리즈 등이 있습니다.

그리스 로마 신화
❸ 신들의 사랑 이야기

2021년 10월 10일 1판 1쇄 발행

글 **양태석** | 그림 **김미나** | 표지 그림 **조성경**
펴낸이 **문제천** | 펴낸곳 ㈜**은하수미디어**
편집진행 **문미라** | 편집 **옥수진, 박예슬** | 편집 지원 **김유진**
디자인 **김지수, 권은애** | 디자인 지원 **최유정** | 제작책임 **이남수**
주소 서울시 송파구 송이로32길 18, 405 (문정동, 4층)
대표전화 (02)449-2701 | 팩스 (02)404-8768 | 편집부 (02)3402-1386
출판등록 제22-590호(2000. 7. 10.)
©2021, Eunhasoo Media Publishing Co., Ltd.

이 책의 저작권은 ㈜은하수미디어에 있으므로 무단 전재 및 무단 복제를 금합니다.

주의! 종이가 날카로워 손을 베일 수 있으므로 주의하십시오.
파본은 구입처에서 교환해 드립니다. 사용 중 발생한 파손은 교환 대상에 해당되지 않습니다.

* 사진 출처 Shutterstock, Wikimedia Commons